Les Entretiens de Confucius

Édition en grands caractères, annotée, police Atkinson Hyperlegible

Confucius

Traduction par
Séraphin Couvreur

Alicia ÉDITIONS

Table des matières

Avant-propos du traducteur	5
Chapitre I	7
Chapitre II	12
Chapitre III	19
Chapitre IV	36
Chapitre V	42
Chapitre VI	55
Chapitre VII	70
Chapitre VIII	85
Chapitre IX	93
Chapitre X	104
Chapitre XI	115
Chapitre XII	127
Chapitre XIII	137
Chapitre XIV	148
Chapitre XV	163
Chapitre XVI	174
Chapitre XVII	183
Chapitre XVIII	196
Chapitre XIX	206
Chapitre XX	215

Avant-propos du traducteur

Ce livre contient les enseignements de Confucius, les questions et les réponses qui ont été faites sur l'étude de la sagesse et le gouvernement de l'État dans les entretiens du Maître avec ses disciples, avec les princes et les ministres de son temps, et qui ont été écrites par ses disciples. Voilà pourquoi ce recueil est intitulé littéralement « Explications et Réponses ».

Le Maître K'oung était de la principauté de Lou. Son nom de famille était K'oung, son nom propre K'iou et son surnom Tchoung gni. Son père Chou leang Ho avait d'abord épousé une fille de la famille Cheu, qui lui avait donné neuf filles, mais pas de garçon. Il avait eu d'une femme de second rang un fils, nommé Meng p'i, qui était

Avant-propos du traducteur

boiteux. Ensuite il demanda en mariage une fille de la famille Ien. Cette famille, qui avait trois filles, lui donna la plus jeune, nommée Tcheng tsai. Tcheng tsai, ayant prié sur le mont Gni K'iou, donna le jour à Confucius, qui pour cette raison fut nommé K'iou.

Avant sa naissance, à K'iue li, son pays natal, une licorne vomit un livre orné de pierres précieuses. On y lut ces mots : « Un enfant, formé des parties les plus subtiles de l'eau, soutiendra l'empire ébranlé de la dynastie des Tcheou et sera roi sans couronne. » La mère de Confucius fut étonnée de ce prodige. Avec un cordon de soie, elle lia par la corne le mystérieux animal, qui disparut au bout de deux nuits.

La nuit de sa naissance, deux dragons entourèrent le toit de la maison. Cinq vieillards, qui étaient les essences des cinq planètes, descendirent dans la cour. Auprès des appartements de la mère, on entendit le chant du Céleste Potier. Des voix dans les airs prononcèrent ces mots :

« Le Ciel influencera la naissance d'un fils saint. »

Chapitre I

I.1. Le Maître dit : « Celui qui étudie pour appliquer au bon moment n'y trouve-t-il pas de la satisfaction ? Si des amis viennent de loin recevoir ses leçons, n'éprouve-t-il pas une grande joie ? S'il reste inconnu des hommes et n'en ressent aucune peine, n'est-il pas un homme honorable ? »

I.2. Iou tzeu dit : « Parmi les hommes naturellement enclins à respecter leurs parents, à honorer ceux qui sont au-dessus d'eux, peu aiment à résister à leurs supérieurs. Un homme qui n'aime pas à résister à l'autorité, et cependant aime à exciter du trouble, ne s'est jamais rencontré. Le sage donne son principal soin à la racine. Une fois la racine affermie, la Voie peut naître. L'affection envers nos parents et le respect envers ceux qui sont au-dessus de nous sont comme la racine de la vertu. »

I.3. Le Maître dit : « Chercher à plaire aux hommes par des discours étudiés et un extérieur composé est rarement signe de plénitude humaine. »

I.4. Tseng tzeu dit : « Je m'examine chaque jour sur trois choses : si, traitant une affaire pour un autre, je ne l'ai pas traitée sans loyauté ; si, dans mes relations avec mes amis, je n'ai pas manqué de sincérité ; si je n'ai pas négligé de mettre en pratique les leçons que j'ai reçues. »

I.5. Le Maître dit : « Celui qui gouverne une principauté qui entretient mille chariots de guerre doit être attentif aux affaires et tenir sa parole, modérer les dépenses et aimer les hommes, n'employer le peuple que dans les temps convenables [1].

I.6. Le Maître dit : « Un jeune homme, dans la maison, doit aimer et respecter ses parents. Hors de la maison, il doit respecter ceux qui sont plus âgés ou d'un rang plus élevé que lui. Il doit être attentif et sincère dans ses paroles ; aimer tout le monde, mais se lier plus étroitement avec les hommes d'humanité. Ces devoirs remplis, s'il lui reste du temps et des forces, qu'il les emploie à l'étude des lettres et des arts libéraux. »

I.7. Tzeu hia dit : « Celui qui, au lieu d'aimer les plaisirs, aime et recherche les hommes sages, qui aide ses parents de toutes ses forces, qui se dépense tout entier au service de son prince, qui avec ses amis parle sincèrement, quand même on me dirait qu'un tel homme n'a pas étudié, j'affirmerais qu'il a étudié. »

I.8. Le Maître dit : « Si un homme honorable manque de gravité, il ne sera pas respecté et sa connaissance ne sera pas solide. Qu'il mette au premier rang la loyauté et la sincérité ; qu'il ne lie pas amitié avec des hommes qui ne lui ressemblent pas ; s'il tombe dans un défaut, qu'il ait le courage de s'en corriger. »

I.9. Tseng tzeu dit : « Si le prince rend les derniers devoirs à ses parents avec un vrai zèle et honore par des offrandes ses ancêtres même éloignés, la Vertu fleurira parmi le peuple. »

I.10. Tzeu k'in adressa cette question à Tzeu koung : « Quand notre Maître arrive dans une principauté, il reçoit toujours des renseignements sur l'administration de l'État. Est-ce lui qui les demande au prince, ou bien est-ce le prince qui les lui offre ? » Tzeu koung répondit : « Notre Maître les obtient non par des interrogations, mais par sa douceur, son calme, son respect, sa tenue modeste et sa déférence. Il a une manière d'interroger qui n'est pas celle des autres hommes. »

I.11. Le Maître dit : « Du vivant de son père, observez les intentions d'un homme. Après la mort de son père, observez sa conduite. Si, durant les trois ans de deuil, il ne dévie pas de la voie dictée par son père, on pourra dire qu'il pratique la piété filiale. »

I.12. Iou tzeu dit : « Dans l'usage des rites, le plus précieux est l'harmonie. C'est pour cette raison que les règles des anciens souverains sont excellentes. Toutes les actions, grandes ou petites, s'y conforment. Cependant, il est une chose qu'il faut éviter : cultiver l'harmonie pour elle-même, sans qu'elle soit réglée par les rites, ne peut se faire. »

I.13. Iou tzeu dit : « Toute promesse conforme à la justice peut être tenue. Tout respect ajusté aux rites éloigne honte et déshonneur. Si vous choisissez pour protecteur un homme digne de votre amitié et de votre confiance, vous pourrez lui rester attaché à jamais. »

I.14. Le Maître dit : « Un homme honorable qui ne recherche pas la satisfaction de son appétit dans la nourriture, ni ses commodités dans son habitation, qui est diligent en affaires et circonspect dans ses paroles, qui se rectifie auprès des hommes vertueux, celui-là a un véritable désir d'apprendre. »

I.15. Tzeu koung dit : « Que faut-il penser de celui qui, étant pauvre, n'est pas flatteur, ou qui, étant riche, n'est pas orgueilleux ? » Le Maître répondit : « Il est louable ; mais celui-là l'est encore plus qui, dans la pauvreté, vit content, ou qui, au milieu des richesses, reste courtois. » Tzeu koung répliqua : « On lit dans le Livre des Odes : "Coupez et limez, taillez et polissez." Ces paroles n'ont-elles pas le même sens [2] ? » Le Maître repartit : « Seu [3], je peux enfin parler avec toi du Livre des Odes ! À ma réponse à ta question, tu as aussitôt compris le sens des vers que tu as cités. »

I.16. Le Maître dit : « Ne vous affligez pas de ce que les hommes ne vous connaissent pas ; affligez-vous de ne pas connaître les hommes. »

---

1. Afin de ne pas nuire aux travaux des champs.
2. Ne signifient-elles pas que l'homme honorable ne doit pas se contenter de n'être ni flatteur dans la pauvreté ni orgueilleux dans l'opulence, mais travailler à conserver toujours la joie de l'âme et la modération ?
3. Tzeu koung

Chapitre II

II.1. Le Maître dit : « Celui qui gouverne un peuple par la Vertu est comme l'Étoile polaire qui demeure immobile, pendant que toutes les autres étoiles se meuvent autour d'elle. »

II.2. Le Maître dit : « Les Odes sont au nombre de trois cents. Un seul mot les résume toutes : penser sans dévier. »

II.3. Le Maître dit : « Si le prince conduit le peuple au moyen des lois et le retient dans l'unité au moyen des châtiments, le peuple s'abstient de mal faire ; mais il ne connaît aucune honte. Si le prince dirige le peuple par la Vertu et fait régner l'union grâce aux rites, le peuple a honte de mal faire, et devient vertueux. »

II.4. Le Maître dit : « À quinze ans, ma volonté était tendue vers l'étude ; à trente ans, je m'y perfectionnais ; à quarante ans, je n'éprouvais plus d'incertitudes ; à cinquante ans, je connaissais le décret céleste ; à soixante ans, je comprenais, sans avoir besoin d'y réfléchir, tout ce que mon oreille entendait ; à soixante-dix ans, en suivant les désirs de mon cœur, je ne transgressais aucune règle. »

II.5. Meng I tzeu ayant interrogé sur la piété filiale, le Maître répondit : « Elle consiste à ne pas contrevenir. »

Ensuite, alors que Fan Tch'eu [1] conduisait le char de Confucius, ce dernier lui dit : « Meng I tzeu m'a interrogé sur la piété filiale ; je lui ai répondu qu'elle consiste à ne pas contrevenir. » Fan Tch'eu dit : « Quel est le sens de cette réponse ? » Confucius répondit : « Un fils doit aider ses parents durant leur vie selon les rites, leur faire des obsèques et des offrandes après leur mort selon les rites. »

II.6. Meng Ou pe, ayant interrogé le Maître sur la piété filiale, reçut cette réponse : « Les parents craignent par-dessus tout que leur fils ne soit malade. »

Un bon fils partage cette sollicitude de ses parents, et se conforme à leurs sentiments. Il ne néglige rien de tout ce qui sert à la conservation de sa personne.

II.7. Tzeu iou ayant interrogé Confucius sur la piété filiale, le Maître répondit : « La piété filiale qu'on pratique maintenant ne consiste qu'à fournir les parents du nécessaire. Or les animaux, tels que les chiens et les chevaux, reçoivent aussi des hommes ce qui leur est nécessaire. Si ce que l'on fait pour les parents n'est pas accompagné de respect, quelle différence met-on entre eux et les animaux ? »

II.8. Tzeu hia l'ayant interrogé sur la piété filiale, le Maître répondit : « Il est difficile de tromper par un faux-semblant de piété filiale. Quand les parents ou les frères aînés ont beaucoup à faire, si les fils ou les frères puînés leur viennent en aide ; quand ceux-ci ont du vin et des vivres, et qu'ils les servent à leurs parents et à leurs aînés, est-ce suffisant pour qu'on loue leur piété filiale [2] ? »

II.9. Le Maître dit : « Houei écoute mes explications toute une journée sans m'adresser une objection ni une question, comme s'il était stupide. Quand il s'est retiré, et que j'examine sa conduite privée, je le vois capable de se révéler. Houei n'est pas stupide du tout ! »

II.10. Le Maître dit : « Si l'on considère pourquoi et comment un homme agit, si l'on examine ce qui l'apaise, pourra-t-il cacher ce qu'il est ? »

II.11. Le Maître dit : « Celui qui repasse dans son esprit ce qu'il sait déjà, et par ce moyen acquiert de nouvelles connaissances, pourra bientôt enseigner les autres. »

II.12. Le Maître dit : « L'homme honorable n'est pas un vase [3] »

II.13. Tzeu koung ayant demandé ce que doit faire un homme honorable, le Maître répondit : « L'homme honorable commence par appliquer ce qu'il veut enseigner ; ensuite il enseigne. »

II.14. Le Maître dit : « L'homme honorable aime tous les hommes et n'a de partialité pour personne. L'homme de peu est partial et n'aime pas tous les hommes. »

II.15. Le Maître dit : « Étudier sans réfléchir est une occupation vaine ; réfléchir sans étudier est dangereux. »

II.16. Le Maître dit : « Entrer en lutte avec le parti opposé, c'est nuisible. »

II.17. Le Maître dit : « Iou [4], veux-tu que je t'enseigne le moyen d'arriver à la connaissance ? Ce qu'on sait, savoir qu'on le sait ; ce qu'on ne sait pas, savoir qu'on ne le sait pas : c'est savoir véritablement. »

II.18. Tzeu tchang étudiait en vue d'obtenir une charge avec des appointements. Le Maître lui dit : « Après avoir entendu dire beaucoup de choses, laisse de côté celles qui sont douteuses, dis les autres avec circonspection, et tu ne t'en blâmeras pas. Après avoir beaucoup vu, laisse ce qui serait dangereux, et fais le reste avec précaution ; tu auras rarement à te repentir. Si tes paroles t'attirent peu de blâme et tes actions peu de repentir, les appointements viendront d'eux-mêmes. »

II.19. Ngai, prince de Lou, dit à Confucius : « Que doit faire un prince pour que le peuple soit content ? » Maître K'ong répondit : « Si le prince élève aux charges les hommes vertueux et écarte tous les hommes vicieux, le peuple le soutiendra ; si le prince élève aux charges les hommes vicieux et écarte les hommes vertueux, le peuple ne se soumettra pas. »

II.20. Ki K'ang tzeu [5] dit : « Que faut-il faire pour que le peuple respecte son prince, lui soit fidèle et loyal ? » Le Maître répondit : « Que le prince montre de la dignité, et il sera respecté ; qu'il honore ses parents et soit bon envers ses sujets, et ses sujets lui seront fidèles ; qu'il élève aux charges les hommes de mérite et forme les incompétents, et il excitera le peuple à cultiver la vertu. »

II.21. Quelqu'un dit à Confucius : « Maître, pourquoi ne prenez-vous aucune part au gouvernement ? » Maître K'ong répondit : « Le Livre des Documents ne dit-il pas, en parlant de la piété filiale : "Respectueux envers vos parents et bienveillants envers vos frères, vous ferez fleurir ces vertus partout sous votre gouvernement ?" Faire régner la vertu dans sa famille par son exemple, c'est aussi gouverner. Remplir une charge, est-ce la seule manière de prendre part au gouvernement ? »

II.22. Le Maître dit : « Je ne sais à quoi peut être bon un homme qui manque de sincérité. Comment employer un char à bœufs sans joug, ou une petite voiture sans attelage ? »

II.23. Tzeu tchang demanda si l'on pouvait savoir d'avance ce que feraient les empereurs de dix dynasties successives. Le Maître répondit : « La dynastie des [Chang-]In a adopté les rites de la dynastie des Hia ; on peut connaître par les documents ce qu'elle a ajouté ou retranché. La dynastie des Tcheou a adopté les rites de la dynastie des [Chang-]In ; ce qu'elle a ajouté ou retranché se trouve mentionné dans les documents. On peut savoir d'avance ce que feront les dynasties à venir, fussent-elles au nombre de cent. »

II.24. Le Maître dit : « Celui-là se rend coupable d'adulation, qui sacrifie à un esprit auquel il ne lui appartient pas de sacrifier. Celui-là manque de courage, qui néglige de faire une chose qu'il sait être juste. »

---

1. Disciple de Confucius.
2. La piété filiale requiert en outre une affection cordiale.
3. Qui n'a qu'un usage ; il est apte à tout.
4. Tzeu lou.
5. Premier ministre du prince Ngai, et chef de la famille Ki en 492 av.J.-C.

Chapitre III

III.1. Le chef de la famille Ki avait huit chœurs de pantomimes qui chantaient dans la cour du temple de ses ancêtres. Confucius dit : « S'il ose se permettre un tel abus, que n'osera-t-il se permettre ? »

Le chef de la famille Ki ou Ki suenn était grand préfet dans la principauté de Lou. L'empereur avait huit chœurs de pantomimes ; les vassaux, six, les grands préfets, quatre, et les officiers inférieurs, deux. Le nombre des hommes dans chaque chœur était égal au nombre des chœurs. Quelques auteurs disent que chaque chœur se composait de huit hommes. On ne sait laquelle de ces deux opinions est la vraie. Le chef de la famille Ki était seulement grand préfet ; il usurpait les cérémonies et les chants réservés à l'empereur.

III.2. Les trois familles faisaient exécuter le chant Ioung, pendant qu'on enlevait les vases, après les offrandes. Le Maître dit : « Les aides sont tous des princes feudataires ; la tenue du Fils du Ciel est très respectueuse ; comment ces paroles peuvent-elles être chantées dans le temple des ancêtres des trois familles ? »

Ces trois familles étaient les familles Meng suenn (ou Tchoung suenn), Chou suenn et Ki suenn, dont les chefs étaient grands préfets dans la principauté de Lou.

Parmi les fils de Houan, prince de Lou, le prince Tchouang, né de la femme légitime, devint le chef de la principauté ; K'ing fou, Chou suenn et Ki iou, nés d'une femme de second rang, formèrent trois familles : K'ing fou, la famille Tchoung suenn, Chou suenn la famille Chou suenn, et Ki iou, la famille Ki suenn. K'ing fou changea le nom de Tchoung (second fils) et prit celui de Meng (fils aîné), parce qu'il était le fils aîné d'une femme de second rang, et qu'il n'osait pas se dire le frère cadet du prince Tchouang

Ioung est le nom d'une ode qui se trouve dans le Livre des Odes parmi les « Éloges » des Tcheou. Le roi Ou la faisait chanter, quand il présentait des offrandes au roi Wenn. Les Tcheou la faisaient chanter dans le temple des ancêtres à la fin des offrandes, pour annoncer que la cérémonie était terminée. Les chefs des trois familles, qui n'avaient que le rang de grands préfets, se permettaient l'usage d'une cérémonie et d'un chant réservés à l'empereur

III.3. Le Maître dit : « Comment un homme dépourvu d'humanité peut-il accomplir les rites ? Comment un homme dépourvu d'humanité peut-il cultiver la musique ? »

Quand un homme perd avec les vertus du cœur les qualités propres à l'homme, son cœur n'a plus le respect, qui est la partie essentielle des cérémonies ; il n'a plus l'harmonie des passions, qui est le fondement de la musique.

III.4. Lin Fang ayant demandé quelle était la chose la plus nécessaire dans les cérémonies, le Maître répondit : « Oh ! que cette question est importante ! Dans les démonstrations extérieures, il vaut mieux rester en deçà des limites que de les dépasser ; dans les cérémonies funèbres, la douleur vaut mieux qu'un appareil pompeux. »

III.5. Le Maître dit : « Les barbares de l'Est et du Nord, qui ont des princes, sont moins misérables que les nombreux peuples de la Chine ne reconnaissant plus de prince. »

III.6. Le chef de la famille Ki offrait des sacrifices aux esprits du T'ai chan. Le Maître dit à Jen Iou : « Ne pouvez-vous pas empêcher cet abus ? » Jen Iou répondit : « Je ne le puis. » Le Maître répliqua : « Hé ! dira-t-on que les esprits du T'ai chan sont moins intelligents que Lin Fang ? »

T'ai chan, montagne située dans la principauté de Lou. D'après les rites, chaque prince feudataire sacrifiait aux esprits des montagnes et des cours d'eau qui étaient dans son domaine. Le chef de la famille Ki, en sacrifiant aux esprits du T'ai chan, s'arrogeait un droit qu'il n'avait pas (il n'était que grand préfet). Jen Iou, nommé K'iou, disciple de Confucius, était alors intendant de Ki suenn. Le Maître lui dit : « Ki suenn ne doit pas sacrifier aux esprits du T'ai chan. Vous êtes son intendant. Le faire changer de détermination, serait-ce la seule chose qui vous fût impossible ? » Jen Iou répondit : « Je ne le puis. » Le Maître reprit en gémissant : « Hé ! s'imaginera-t-on que les esprits du T'ai chan agréent des sacrifices qui sont contraires aux rites, et qu'ils comprennent moins bien que

Lin Fang, moins bien qu'un citoyen de Lou, ce qui est essentiel dans les cérémonies ? Je suis certain qu'ils n'agréent pas les sacrifices de Ki suenn. »

III.7. Le Maître dit : « L'homme honorable n'a jamais de contestation. S'il en avait, ce serait certainement quand il tire à l'arc. Avant la lutte, il salue humblement ses adversaires et monte à l'endroit préparé. Après la lutte, il boit la liqueur que les vaincus sont condamnés à prendre. Même quand il lutte, il est toujours plein d'humanité. »

D'après les règles du tir solennel, le président divisait les archers en trois groupes de trois hommes chacun. Le moment arrivé, les trois compagnons partaient et s'avançaient ensemble, se saluaient trois fois, témoignaient trois fois leur respect mutuel, et montaient à l'endroit préparé pour le tir. Après le tir, ils se saluaient une fois, descendaient, puis, se tenant debout, ils attendaient que les autres groupes eussent fini de tirer. Les vainqueurs, se plaçant en face des vaincus, les saluaient trois fois. Ceux-ci montaient de nouveau au lieu du tir, prenaient les coupes et, se tenant debout, buvaient la liqueur qu'ils devaient accepter à titre de châtiment. Ordinairement, quand on offrait à boire, on présentait les coupes. Mais, après le tir à l'arc, on obligeait les vaincus à prendre eux-mêmes les coupes ; sans leur faire aucune invitation polie, afin de montrer que c'était une peine. Ainsi les anciens sages, même quand ils se disputaient la victoire, étaient conciliants et patients, se saluaient et se témoignaient mutuellement leur respect. De cette manière, au milieu même de la lutte, ils montraient toujours une égale sagesse. Vraiment, l'homme honorable n'a jamais de contestation.

III.8. Tzeu hia dit à Confucius : « On lit dans le Livre des Odes : "Un sourire agréable plisse élégamment les coins de sa bouche ; ses beaux yeux brillent d'un éclat mêlé de noir et de blanc. Un fond blanc reçoit une peinture de diverses couleurs." Que signifient ces paroles ? » Le Maître répondit : « Avant de peindre, il faut avoir un fond blanc. » Tzeu hia reprit : « Ces paroles ne signifient-elles pas que les cérémonies extérieures exigent avant tout et présupposent la sincérité des sentiments ? » Le Maître dit : « Tzeu hia sait éclaircir ma pensée. À présent je puis lui expliquer les Odes. »

Un homme dont la bouche est élégante et les yeux brillants peut recevoir divers ornements, de même qu'un fond blanc peut recevoir une peinture variée. Les anciens empereurs ont institué les cérémonies afin qu'elles fussent l'élégante expression et comme l'ornement des sentiments du cœur. Les cérémonies présupposent comme fondement la sincérité des sentiments, de même qu'une peinture exige d'abord un fond blanc.

III.9. Le Maître dit : « Je puis exposer les rites de la dynastie des Hia. Mais je ne puis prouver ce que j'en dirais ; car les princes de K'i (descendants des Hia) n'observent plus ces rites et ne peuvent les faire connaître avec certitude. Je puis exposer les rites de la dynastie des [Chang-]In. Mais les témoignages font défaut ; car les princes de Soung, descendants des [Chang-]In, n'observent plus ces rites et ne peuvent en donner une connaissance certaine. Les princes de K'i et de Soung ne peuvent faire connaître avec certitude les rites des Hia et des [Chang-]In, parce que les documents et les hommes leur font défaut. S'ils ne faisaient pas défaut, j'aurais des témoignages. »

III.10. Le Maître dit : « Dans le rite Ti [fait par le prince de Lou], tout ce qui suit les libations me déplaît ; je n'en puis supporter la vue. »

Confucius blâme l'autorisation accordée aux princes de Lou de faire une cérémonie qui aurait dû être réservée à l'empereur. Anciennement, l'empereur, après avoir fait des offrandes au fondateur de la dynastie régnante, en faisait au père du fondateur de la dynastie, et, en même temps, au fondateur lui-même. Cette cérémonie avait lieu tous les cinq ans, et s'appelait Ti.

Comme Tcheou koung s'était signalé par d'éclatants services et avait été créé prince de Lou par son frère le roi Ou, le roi Tch'eng, successeur du roi Ou, permit au prince de Lou de faire cette importante cérémonie. Le prince de Lou offrait donc le sacrifice Ti, dans le temple de Tcheou koung, au roi Wenn, comme au père du fondateur de la dynastie, et il associait à cet honneur Tcheou koung. Cette cérémonie était contraire aux anciens rites.

Les libations consistaient à répandre à terre, dès le commencement du sacrifice, une liqueur aromatisée, pour inviter les mânes à descendre. Au moment de ces libations, l'attention du prince de Lou et de ses ministres n'était pas encore distraite ; la vue de cette cérémonie était encore supportable. Mais ensuite, ils s'abandonnaient peu à peu à l'insouciance et à la négligence ; ils offraient un spectacle pénible à voir.

III.11. Quelqu'un ayant demandé à Confucius ce que signifiait le sacrifice Ti, le Maître répondit : « Je ne le sais pas. Celui qui le saurait n'aurait pas plus de difficulté à gouverner l'empire qu'à regarder ceci. » En disant ces mots, il montra la paume de sa main.

Les anciens empereurs ne montraient jamais mieux que dans le sacrifice Ti leur désir d'être reconnaissants envers leurs parents et d'honorer leurs ancêtres éloignés. C'est ce que ne pouvait comprendre cet homme qui avait interrogé sur la signification du sacrifice Ti. De plus, dans la principauté de Lou, où les princes accomplissaient cette cérémonie, il fallait éviter de rappeler la loi qui la défendait à tout autre qu'à l'empereur. Pour ces raisons, Confucius répondit : « Je ne le sais pas. » Sur cette question pouvait-il y avoir quelque chose que l'homme saint ignorât réellement ?

III.12. Confucius faisait des offrandes à ses parents défunts et aux esprits tutélaires, comme s'il les avait vus présents. Il disait : « Un sacrifice auquel je n'assisterais pas en personne, et que je ferais offrir par un autre, ne me paraîtrait pas un sacrifice véritable. »

III.13. Wang suenn Kia demanda quel était le sens de cet adage : « Il vaut mieux faire la cour au dieu du foyer qu'aux esprits tutélaires des endroits les plus retirés de la maison. » Le Maître répondit : « L'un ne vaut pas mieux que l'autre. Celui qui offense le Ciel n'obtiendra son pardon par l'entremise d'aucun Esprit. »

Wang suenn Kia était un grand préfet tout-puissant dans la principauté de Wei. Confucius était alors dans cette principauté. Wang suenn Kia soupçonnait qu'il avait l'intention de solliciter une charge. Il désirait qu'il s'attachât à lui ; mais il n'osait le lui dire ouvertement. Il eut donc recours à une allégorie, et lui dit : « D'après un proverbe, on offre des sacrifices auprès du foyer et dans les endroits retirés de la maison. Le foyer est la demeure du dieu du foyer. Bien que ce dieu soit d'un rang peu élevé, on lui offre un sacrifice particulier. Les endroits retirés de la maison sont les appartements situés à l'angle sud-ouest. Les esprits qui y demeurent sont d'un rang élevé ; néanmoins on ne leur offre pas de sacrifice particulier. Quand on veut sacrifier aux esprits pour obtenir une faveur, il vaut mieux faire la cour au dieu du foyer pour obtenir sa protection secrète, que de faire la cour aux esprits de la maison pour rendre hommage à leur inutile dignité. Cet adage populaire doit avoir un sens profond. Quelle est sa signification ? » En parlant ainsi, Wang suenn Kia se désignait lui-même sous la figure des esprits de la maison. Il voulait dire qu'il valait mieux s'attacher à lui que de rechercher la faveur du prince. Confucius devina sa pensée. Sans le reprendre ouvertement, il se contenta de lui répondre : « Je réprouve toute flatterie, soit à l'égard des esprits de la maison, soit à l'égard du dieu du foyer. Au-dessus des esprits de la maison et du dieu du foyer, il y a le Ciel, qui est souverainement noble et n'a pas d'égal. Celui qui se conduit d'après l'ordre [céleste] est récompensé par le Ciel. Celui qui agit contrairement à lui est puni par le Ciel. Si quelqu'un ne sait pas rester dans les limites de sa condition, ni suivre l'ordre [céleste], il offense le Ciel. Celui qui offense le Ciel, où trouvera-t-il un protecteur qui lui obtienne son pardon ? »

III.14. Le Maître dit : « La dynastie des Tcheou a consulté et copié les lois des deux dynasties précédentes [1]. Que les lois des Tcheou sont belles ! Moi, j'observe les lois des Tcheou. »

III.15. Le Maître, étant entré dans le temple dédié au plus ancien des princes de Lou, interrogea sur chacun des rites. Quelqu'un dit : « Dira-t-on que le fils du citoyen de Tcheou connaît les rites ? Dans le temple du plus ancien de nos princes, il interroge sur chaque chose. » Le Maître en ayant été informé, répondit : « En cela, je me suis conformé aux rites. »

Dans la principauté de Lou, le temple du plus ancien des princes était celui de Tcheou koung. Tcheou est le nom d'une ville de la principauté de Lou. Chou leang Ho, père de Confucius, avait été préfet de cette ville. Confucius est appelé pour cette raison le fils du citoyen de Tcheou. Il naquit à Tcheou.

III.16. Le Maître dit : « Quand on tire à l'arc, le mérite ne consiste pas à transpercer le cuir ; car les hommes ne sont pas tous d'égale force. Telle est la Voie des Anciens. »

Après avoir déployé la cible, on fixait en son milieu un morceau de cuir, qui formait le centre, et s'appelait kou, « petit oiseau ». Les anciens avaient établi le tir à l'arc pour juger de l'habileté. L'essentiel était d'atteindre le centre de la cible, et non de la transpercer.

III.17. Tzeu koung [2] voulait supprimer l'usage de fournir aux frais de l'État une brebis, qui devait être offerte aux ancêtres à la nouvelle lune. Le Maître dit : « Seu, tu tiens par économie à garder cette brebis ; moi, je tiens à conserver cette cérémonie. »

À chaque nouvelle lune, les princes feudataires offraient à leurs ancêtres une brebis, et leur faisaient connaître leurs projets. Après les avoir invités, ils leur présentaient la victime encore vivante. À partir de Wenn koung, les princes de Lou avaient cessé de faire la cérémonie de la nouvelle lune ; cependant les officiers continuaient à fournir la brebis. Tzeu koung voulait abolir cette coutume, qui n'atteignait plus son but, et supprimer une dépense qu'il croyait inutile. Mais, bien que la cérémonie de la nouvelle lune eût été abandonnée, l'offrande de la brebis en rappelait le souvenir et pouvait en ramener l'usage. Si l'on avait supprimé l'obligation de fournir la brebis, la cérémonie elle-même aurait été entièrement oubliée.

III.18. Le Maître dit : « Envers mon prince, j'observe exactement tous les rites. Les hommes m'accusent de flatterie, parce qu'eux-mêmes servent le prince négligemment. »

III.19. Ting, prince de Lou, demanda comment un prince devait conduire ses sujets, et comment les sujets devaient obéir à leur prince. Confucius répondit : « Le prince doit commander à ses sujets selon les prescriptions, et les sujets doivent lui obéir avec fidélité. »

III.20. Le Maître dit : « L'ode Les Mouettes, exprime la joie et non la licence, la douleur et non l'abattement. »

III.21. Ngai, prince de Lou, ayant interrogé Tsai Ngo au sujet des autels élevés en l'honneur de la

Terre, Tsai Ngo répondit : « Les Hia y plantaient des pins, et les [Chang]-In, des cyprès. Les Tcheou y plantent des châtaigniers [3], afin d'inspirer au peuple la crainte et la terreur. »

Le Maître entendant ces paroles dit : « Rien ne sert de parler des choses qui sont déjà accomplies, ni de faire des remontrances sur celles qui sont déjà très avancées, ni de blâmer ce qui est passé. »

Tsai Ngo, nommé Iu, était disciple de Confucius. Les anciens plantaient auprès des autels érigés à la Terre les arbres qui convenaient le mieux au terrain. Tsai Ngo avait mal interprété leur intention et prêté aux princes actuellement régnants le désir de châtier et de mettre à mort leurs sujets. Confucius l'en reprit sévèrement, et lui marqua plusieurs choses dont il ne convenait pas de parler.

III.22. Le Maître dit : « Que Kouan Tchoung a l'esprit étroit ! » Quelqu'un demanda si Kouan Tchoung était trop parcimonieux. Confucius répondit : « Le chef de la famille Kouan a élevé à grands frais la tour de San kouei ; dans sa maison aucun officier n'est chargé de deux emplois. Comment pourrait-on le croire trop économe ? – Mais, reprit l'interlocuteur, s'il fait tant de dépenses, n'est-ce pas parce qu'il connaît les convenances ? » Confucius répliqua : « Les princes ont une cloison devant la porte de leurs palais [4] ; le chef de la famille Kouan a aussi une cloison devant sa porte. Quand les princes ont une entrevue amicale, ils ont une crédence sur laquelle on renverse les coupes ; Kouan Tchoung a une crédence semblable. Si le chef de la famille Kouan connaît les convenances, quel est celui qui ne les connaît pas ? »

Kouan Tchoung, nommé I ou, grand préfet de Ts'i, aida Houan, prince de Ts'i, à établir son autorité sur tous les grands feudataires. Il avait l'esprit étroit, il ne connaissait pas la voie de la grande étude des hommes saints et des sages.

III.23. Le Maître, instruisant le grand maître de musique de Lou, dit : « Les règles de la musique sont faciles à connaître. Les divers instruments commencent par jouer tous ensemble ; ils jouent ensuite d'accord, distinctement et sans interruption, jusqu'à la fin du morceau. »

III.24. Dans la ville de I [5], un officier préposé à la garde des frontières demanda à lui être présenté, en disant : « Chaque fois qu'un homme honorable est venu dans cette ville, il m'a toujours été donné de le voir. » Les disciples, qui avaient suivi Confucius dans son exil, introduisirent cet officier auprès de leur maître. Cet homme dit en se retirant : « Disciples, pourquoi vous affligez-vous de ce que votre maître a perdu sa charge ? Il y a fort longtemps que la Voie n'est plus suivie, ici-bas. Mais le Ciel va donner au peuple en ce grand homme un héraut de la vérité [6]. »

Il y avait deux sortes de clochettes. L'une, à battant de métal, servait pour les affaires militaires. L'autre, à battant de bois, servait à l'officier chargé d'enseigner ou d'avertir le peuple.

III.25. Le Maître disait que les Chants du Successeur étaient tout à fait beaux et doux ; que les Chants du Guerrier étaient tout à fait beaux, mais non tout à fait doux.

Les chants de Chouenn sont appelés les Chants du Successeur, parce qu'il succéda à l'empereur Iao, et comme lui, gouverna parfaitement. Les chants du roi Ou sont nommés les Chants du Guerrier, parce qu'ils célèbrent les exploits du roi Ou, qui délivra le peuple de la tyrannie de Tcheou. Les Chants du Successeur sont au nombre de neuf, parce qu'il y eut neuf péripéties ; les Chants du Guerrier sont au nombre de six, parce qu'il y eut six péripéties.

III.26. Le Maître dit : « Comment souffrirais-je le spectacle d'un homme qui exerce une haute autorité avec un cœur étroit, qui s'acquitte d'une cérémonie sans respect, ou qui, à la mort de son père ou de sa mère, est sans douleur ? »

---

1. Hia (2205-1767 av. J.-C.) et Chang-ln (1766-1122 av. J.-C.).
2. Ministre du prince de Lou.
3. « Châtaignier », en chinois, signifie craindre.
4. Pour en dérober la vue aux passants.
5. Où Confucius s'était retiré après avoir été dépouillé de sa charge par le prince de Lou.
6. « Héraut » : littéralement, « clochette à battant de bois ».

Chapitre IV

IV.1. Le Maître dit : « Il est bon d'habiter là où règne le sens de l'humanité. Pourrait-on appeler sage un homme qui choisirait de n'y point habiter ? »

IV.2. Le Maître dit : « Un homme dépourvu d'humanité ne peut demeurer longtemps dans le malheur ou dans le bonheur. L'homme honorable trouve la paix dans la vertu d'humanité ; l'homme sage en connaît tout le profit. »

IV.3. Le Maître dit : « Seul l'homme honorable sait aimer et haïr les hommes comme il convient. »

IV.4. Le Maître dit : « Celui qui s'applique sérieusement à cultiver la vertu d'humanité s'abstient de mal faire. »

IV.5. Le Maître dit : « Les richesses et les honneurs sont très ambitionnés des hommes ; si vous ne pouvez les obtenir qu'en sacrifiant vos principes, ne les acceptez pas. La pauvreté et l'abjection sont en horreur aux hommes ; si elles vous viennent, même sans aucune faute de votre part, ne les fuyez pas. Si l'homme honorable abandonne la voie de la vertu, comment soutiendra-t-il son titre d'"honorable" ? L'homme honorable ne l'abandonne jamais, pas même le temps d'un repas. Il y demeure toujours, même au milieu des affaires les plus pressantes, même au milieu des plus grands troubles. »

IV.6. Le Maître dit : « je n'ai pas encore vu un homme qui aimât la vertu et haït sincèrement l'inhumanité. Celui qui aime la vertu la préfère à toute autre chose ; celui qui hait sincèrement l'inhumanité cultive la vertu, et fuit toute atteinte du mal. Est-il un homme qui travaille de toutes ses forces à pratiquer la vertu un jour entier ? Je n'ai jamais vu aucun homme qui n'eût pas assez de forces pour le faire. Peut-être en existe-t-il ; mais je n'en ai jamais vu. »

Tout homme, s'il fait des efforts sérieux, peut atteindre la perfection.

IV.7. Le Maître dit : « Chaque classe d'hommes tombe dans un excès qui lui est particulier. On peut connaître le sens humain d'un homme en observant ses défauts. »

L'homme honorable excède toujours en libéralité, et l'homme de peu, en parcimonie ; l'homme honorable, en bienfaisance, et l'homme de peu, en dureté de cœur. En voyant les défauts d'un homme, on peut connaître s'il a le sens de l'humanité ou non.

IV.8. Le Maître dit : « Celui qui le matin a compris la Voie, le soir peut mourir content. »

IV.9. Le Maître dit : « Un gentilhomme qui tend vers la Voie, s'il rougit d'un vêtement grossier et d'une nourriture ordinaire, ne mérite pas de recevoir mes enseignements. »

IV.10. Le Maître dit : « Dans le gouvernement d'ici-bas, l'homme honorable ne veut ni ne rejette rien avec opiniâtreté. La justice est sa règle. »

IV.11. Le Maître dit : « L'homme honorable aspire à la perfection, et l'homme de peu, à la terre ; l'homme honorable s'attache à observer les lois, et l'homme de peu, à s'attirer des faveurs. »

IV.12. Le Maître dit : « Celui qui dans ses entreprises cherche uniquement son intérêt propre excite beaucoup de mécontentements. »

IV.13. Le Maître dit : « Celui qui, dans le gouvernement de l'État, montre cette déférence qui fait le fondement de l'urbanité, quelle difficulté rencontrera-t-il ? Celui qui dans le gouvernement n'a pas la déférence requise par l'urbanité, quelle urbanité peut-il avoir [1] ? ».

IV.14. Le Maître dit : « Ne soyez pas en peine de ce que vous n'ayez pas de charge ; mettez-vous en peine de vous rendre digne d'être élevé à une charge. Ne soyez pas en peine de ce que personne ne vous connaît ; travaillez à vous rendre digne d'être connu. »

IV.15. Le Maître dit : « Ma Voie est cousue d'un seul fil. » Tseng tzeu répondit : « Certainement. » Lorsque le Maître se fut retiré, ses disciples demandèrent ce qu'il avait voulu dire. Tseng tzeu répondit : « La Voie de notre maître consiste en la loyauté et en l'amour d'autrui comme de soi-même. »

IV.16. Le Maître dit : « L'homme honorable considère les choses à travers la justice, et l'homme de peu à travers son intérêt. »

IV.17. Le Maître dit : « Quand vous voyez un homme sage, pensez à l'égaler en vertu. Quand vous voyez un homme dépourvu de sagesse, examinez-vous vous-même. »

IV.18. Le Maître dit : « Si vos parents tombent dans une faute, avertissez-les avec grande douceur. Si vous les voyez déterminés à ne pas suivre vos avis, redoublez vos témoignages de respect, sans vous opposer. Quand même ils vous maltraiteraient, n'en ayez aucun ressentiment. »

IV.19. Le Maître dit : « Durant la vie de vos parents, n'allez pas voyager au loin. Si vous voyagez, que ce soit dans une direction déterminée [2]. »

IV.20. Le Maître dit : « Vous devez vous rappeler souvent l'âge de vos parents, vous réjouir de leur longévité, et craindre qu'ils ne viennent à mourir. »

IV.21. Le Maître dit : « Les Anciens n'osaient pas émettre de maximes ; ils craignaient que leurs actions ne répondissent pas à leurs paroles. »

IV.22. Le Maître dit : « On s'égare rarement en s'imposant à soi-même des règles sévères. »

IV.23. Le Maître dit : « L'homme honorable s'applique à être lent dans ses discours et diligent dans ses actions. »

IV.24. Le Maître dit : « La Vertu ne va jamais seule ; elle attire toujours des imitateurs. »

IV.25. Tzeu lou dit : « Celui qui par des avis réitérés se rend importun à son prince tombe dans la disgrâce ; celui qui par des remontrances réitérées se rend importun à son ami perd son amitié. »

---

1. Il peut encore moins gouverner l'État.
2. Afin qu'ils sachent où vous êtes.

Chapitre V

V.1. Le Maître dit que Koung ie Tch'ang était un homme à qui l'on pouvait convenablement donner une fille en mariage ; que, bien qu'il fût dans les fers, il n'avait mérité aucun châtiment. Il lui donna sa fille en mariage. Le Maître dit que Nan Ioung, dans un État bien gouverné, aurait toujours une charge ; que, dans un État mal gouverné, il saurait échapper aux tourments et à la peine capitale. Il lui donna en mariage la fille de son frère.

Nan Ioung, disciple de Confucius, habitait Nan koung. Il s'appelait T'ao et Kouo. Son surnom était Tzeu ioung, et son nom posthume King chou. Il était le frère aimé de Meng I tzeu.

V.2. Le Maître dit de Tzeu tsien [1] : « Quel homme honorable ! Si la principauté de Lou n'en comptait pas, où celui-ci aurait-il puisé un tel sens d'humanité ? »

V.3. Tzeu koung demanda : « Que dites-vous de moi ? » Le Maître répondit : « Vous êtes un vase [2]. » Tzeu koung reprit : « Quel vase ? – Un vase pour les offrandes », dit Confucius.

Les vases que les Hia appelaient hou, ceux que les [Chang]-In appelaient lien, et ceux que les Tcheou appelaient fou et kouei, servaient à offrir le millet dans les temples des ancêtres ; ils étaient ornés de Pierres précieuses. Bien que Tzeu koung ne fût encore qu'un vase, c'était un vase très noble. Ses talents lui permettaient de traiter les affaires publiques et d'exercer la charge de grand préfet, ce qui était honorable. Son langage avait une élégance remarquable, ce qui faisait comme l'ornement de sa personne.

V.4. Quelqu'un dit : « Ioung [3] est très vertueux, mais peu habile à parler. » Le Maître répondit : « Que sert d'être habile à parler ? Ceux qui reçoivent tout le monde avec de belles paroles, qui viennent seulement des lèvres, et non du cœur, se rendent souvent odieux. Je ne sais si Ioung est vertueux ; mais que lui servirait d'être habile à parler ? »

V.5. Le Maître ayant engagé Ts'i tiao K'ai à exercer une charge, celui-ci répondit : « Je ne me sens pas encore digne de foi. » Cette réponse réjouit le Maître.

V.6. Le Maître dit : « Ma Voie n'est pas suivie. Si je montais sur un radeau et me confiais aux flots de la mer [4], celui qui me suivrait, ne serait-ce pas Iou [5] ? » Tzeu lou, entendant ces paroles, en éprouva une grande joie. Le Maître dit : « Iou, tu as plus d'audace que moi ; mais tu n'as pas le discernement nécessaire pour bien juger. »

V.7. Meng Ou pe demanda si le sens humain de Tzeu Iou était parfait. Le Maître répondit : « Je ne le sais pas. » Meng Ou pe renouvela la même question. Le Maître répondit : « Iou est capable de former les troupes d'une principauté qui possède mille chariots de guerre. Je ne sais pas si son sens humain est parfait. – Que pensez-vous de K'iou ? » Le Maître répondit : « K'iou est capable de gouverner une ville de mille familles, ou la maison d'un grand préfet, qui a cent chariots de guerre. Je ne sais pas si son sens humain est parfait. »

Une principauté qui possède mille chariots de guerre est celle d'un grand prince. Une maison qui a cent chariots de guerre est celle d'un ministre d'État ou d'un grand préfet. Le titre de gouverneur désigne le préfet d'une ville et l'intendant de la maison d'un grand dignitaire. Le préfet d'une ville a la direction des personnes, et l'intendant d'une maison, celle des affaires.

Meng Ou pe demanda : « Que dites-vous de Tch'eu [6] ? » Le Maître répondit : « Tch'eu serait capable de se tenir en habits de cour auprès d'un prince, et de converser avec les hôtes et les visiteurs. Je ne sais pas si son sens humain est parfait. »

V.8. Le Maître dit à Tzeu koung : « Lequel des deux l'emporte sur l'autre, de toi ou de Houei ? » Tzeu koung répondit : « Comment oserais-je me mettre en parallèle avec Houei ? Il suffit à Houei d'entendre expliquer une chose pour qu'il en comprenne dix. Moi, quand j'en ai entendu expliquer une, je n'en comprends que deux. » Le Maître dit : « Tu lui es inférieur ; je suis de ton avis, tu lui es inférieur. »

V.9. Tsai Iu restait au lit pendant le jour. Le Maître dit : « Un morceau de bois pourri ne peut être sculpté ; un mur de fumier et de boue ne peut être crépi. Que sert de réprimander Iu ? Auparavant, quand j'avais entendu parler un homme, je croyais que sa conduite répondait à ses paroles. À présent, quand j'ai entendu parler un homme, j'observe ensuite si ses actions répondent à ses paroles. C'est Iu qui m'a fait changer la règle de mes jugements. »

V.10. Le Maître dit : « Je n'ai pas encore vu un homme qui eût une fermeté d'âme inflexible. » Quelqu'un dit : « Chenn Tch'ang. » Le Maître répondit : « Tch'ang est l'esclave de ses passions ; comment aurait-il de la fermeté d'âme ? »

V.11. Tzeu koung dit : « Ce que je ne veux pas que les autres me fassent, je désire ne pas le faire aux autres. » Le Maître répondit : « Seu, tu n'as pas encore atteint cette perfection. »

V.12. Tzeu koung dit : « Il est donné à tous les disciples d'entendre les leçons du Maître sur la tenue du corps et les bienséances, mais non ses enseignements sur la nature profonde de l'homme et la Voie du Ciel. »

V.13. Quand Tzeu Iou avait reçu un enseignement, il craignait d'en recevoir un nouveau, jusqu'à ce qu'il fût parvenu à mettre en pratique le premier.

Tzeu Iou s'empressait moins d'apprendre du nouveau que de mettre en pratique ce qu'il savait déjà. Il désirait faire promptement ce qu'on lui avait enseigné et se préparer à recevoir plus tard de nouveaux enseignements. En voyant que, tant qu'il n'avait pas fait ce qu'on lui avait enseigné, il craignait d'apprendre du nouveau, on peut juger que, quand il l'avait fait, sa seule crainte était de ne pas recevoir de nouveaux enseignements.

V.14. Tzeu koung demanda pourquoi K'oung Wenn tzeu [7] avait reçu après sa mort le nom de Wenn, le « Cultivé ». Le Maître répondit : « Bien qu'il fût très intelligent, il aimait à être enseigné ; il n'avait pas honte d'interroger même ses inférieurs. C'est pour cette raison qu'il a reçu le nom posthume de Wenn. »

V.15. Le Maître dit que Tzeu tchang [8] pratiquait parfaitement quatre qualités de l'homme honorable, à savoir la déférence envers ses égaux, le respect envers ses supérieurs, la bienfaisance envers le peuple, la justice envers ses sujets.

V.16. Le Maître dit : « Ien P'ing tchoung [9] est admirable dans ses relations avec ses amis ; leur intimité eût-elle duré depuis longtemps, il les traite toujours avec respect. »

V.17. Le Maître dit : « Tsang Wenn tchoung a fait bâtir, pour loger une grande tortue, un édifice où la sculpture a figuré des montagnes sur les chapiteaux des colonnes, et la peinture a représenté des algues marines sur les colonnettes du toit. Peut-on dire que ce soit un homme éclairé ? »

Tsang Wenn tchoung, nommé Tch'enn, chef de la famille Tsang suenn, était grand préfet dans la principauté de Lou. Ts'ai, grande tortue, ainsi nommée parce qu'elle provenait du pays de Ts'ai (aujourd'hui compris dans le Jou gning fou, province de Ho-nan). Wenn tchoung croyait qu'une tortue entourée de tant d'honneurs ferait certainement descendre les faveurs célestes. Il ignorait que la tortue n'a d'usage que pour la divination, qu'elle peut seulement donner des présages heureux ou malheureux, mais ne peut pas dispenser les biens et les maux. Méritait-il de passer pour un homme éclairé ?

V.18. Tzeu tchang dit : « Tzeu wenn [Premier ministre de Tch'ou] fut trois fois nommé Premier ministre ; il n'en manifesta aucune joie. Il fut trois fois dépouillé de sa charge ; il n'en manifesta aucun mécontentement. En quittant la charge de Premier ministre, il faisait connaître à son successeur ses actes administratifs. Que faut-il penser de lui ? » Le Maître dit : « Il a été loyal. » Tzeu tchang reprit : « A-t-il fait preuve d'humanité ? » Le Maître répondit : « Je ne le sais pas ; [son indifférence pour les charges] est-elle un signe d'humanité ? »

Tzeu tchang dit : « Ts'ouei tzeu, ayant tué son prince, le Prince de Ts'i Tch'enn Wenn tzeu [10], abandonna ses dix attelages de quatre chevaux, et quitta sa terre natale [11]. Arrivé dans une autre principauté, il dit : "Ici les officiers ressemblent à notre grand préfet Ts'ouei tzeu". Et il s'en alla. Quand il arrivait dans une nouvelle principauté, il disait toujours : "Ici les officiers ressemblent à notre grand préfet Ts'ouei tzeu". Et il se retirait. Que faut-il penser de lui ? » Le Maître répondit : « C'était un pur. » Tzeu tchang reprit : « A-t-il fait preuve d'humanité ? » Confucius répondit : « Je ne le sais pas. En quoi est-ce de l'humanité ? ».

V.19. Ki Wenn tzeu réfléchissait trois fois avant de faire une chose. Le Maître, l'ayant appris, dit : « Il suffit de réfléchir deux fois. »

Ki Wenn tzeu, nommé Ring fou, était grand préfet dans la principauté de Lou. Avant de faire une chose, on doit réfléchir, mais pas trop. Après avoir réfléchi deux fois, on peut prendre une détermination. Un troisième examen fait naître des intentions peu louables, et obscurcit les idées, au lieu de les éclaircir. L'important est de prendre la justice pour règle de ses actions.

V.20. Le Maître dit : « Gning Ou tzeu se montra intelligent, tant que l'État fut bien gouverné, et affecta la stupidité, quand l'État fut mal gouverné. Son intelligence peut être imitée ; sa stupidité est au-dessus de toute imitation. »

Gning Ou tzeu, nommé Iu, était grand préfet dans la principauté de Wei. D'après les commentateurs des annales des Printemps et Automnes (Tch'ouenn ts'iou), il exerça cette charge sous le prince Wenn et sous le prince Tch'eng. Le prince Wenn sut bien gouverner ; sous son règne, Ou tzeu ne s'attira aucune difficulté. En cela, il montra une intelligence qui peut être égalée. Le prince Tch'eng gouverna si mal qu'il perdit le pouvoir souverain. Ou tzeu prit soin de réparer les fautes du prince, avec le plus entier dévouement, bravant les souffrances et les périls. Les affaires dans lesquelles il s'est engagé étaient toutes de celles que les officiers prudents et rusés (uniquement occupés de leurs propres intérêts) évitent soigneusement et ne consentent pas à entreprendre. Cependant il a su jusqu'à la fin conserver sa personne et servir son prince. En cela sa stupidité est au-dessus de toute imitation.

V.21. Le Maître, étant dans la principauté de Tch'enn, dit : « Retournons, retournons dans la principauté de Lou ! Les disciples que j'avais dans mon pays brûlent d'ambition et sont d'une distinction remarquable. Mais ils ne savent pas comment régler ces bonnes qualités. »

Confucius parcourait les différentes principautés, répandant partout ses enseignements. Lorsqu'il était dans la principauté de Tch'enn, voyant que sa doctrine n'était pas mise en pratique, il résolut de fonder une école, qui lui survécût et transmît ses préceptes aux âges futurs. Comme il ne trouvait pas de gentilshommes capables de garder toujours le milieu juste, il pensa à ceux qu'il avait laissés dans la principauté de Lou, et qui étaient d'une capacité un peu moindre. Il jugea que des hommes brûlant d'ambition pourraient faire des progrès dans la Voie. Il craignait seulement qu'ils n'allassent au-delà des justes limites, ne s'écartassent du droit chemin, et ne tombassent dans l'erreur. Pour cette raison, il voulait retourner dans son pays et modérer leur ardeur excessive.

V.22. Le Maître dit : « Pe i et Chou ts'i oubliaient les défauts passés d'autrui ; aussi avaient-ils peu d'ennemis. »

V.23. Le Maître dit : « Qui pourra encore louer la droiture de Wei cheng Kao ? Quelqu'un lui ayant demandé du vinaigre, il en demanda lui-même à l'un de ses voisins pour le lui donner. »

V.24. Le Maître dit : « Chercher à plaire par un langage étudié, prendre un extérieur trop composé, donner des marques de déférence excessives, c'est ce que Tsouo K'iou ming aurait rougi de faire ; moi aussi, j'en aurais honte. Haïr un homme au fond du cœur et le traiter amicalement, c'est ce que Tsouo K'iou ming aurait rougi de faire ; moi aussi, j'en aurais honte. »

V.25. Le Maître dit à Ien Iuen et à Tzeu lou, qui se tenaient auprès de lui : « Pourquoi ne me diriez-vous pas chacun quels seraient vos désirs ? » Tzeu lou répondit : « Je désirerais partager avec mes amis l'usage de mes voitures, de mes chevaux, de mes tuniques garnies de fine fourrure ; et, si mes amis les maltraitaient ou les gâtaient, n'en éprouver aucun mécontentement. »

Tzeu lou répondit : « On doit partager avec tout l'univers l'usage des choses de tout l'univers. »

Ien Iuen dit : « Je désirerais ne pas vanter mes bonnes qualités, ne pas exagérer mes bons services [12]. » Tzeu lou reprit : « Maître, je serais heureux d'apprendre quel serait votre désir. » Le Maître répondit : « Apaiser les vieillards, mériter la confiance de mes amis, attirer l'affection des jeunes gens. »

V.26. Le Maître dit : « Faut-il donc désespérer de voir un homme qui reconnaisse ses fautes, et se les reproche en secret ? Moi, je n'en ai pas encore vu. »

V.27. Le Maître dit : « Dans un village de dix familles il se trouve certainement des hommes à qui la nature a donné, comme à moi, des dispositions à la fidélité et à la sincérité ; mais il n'en est pas qui aiment autant que moi l'étude. »

Confucius, pour exciter les hommes à étudier, dit : « Il est facile de trouver des hommes doués d'excellentes dispositions naturelles ; mais on entend rarement citer un homme qui ait des vertus parfaites. Celui qui s'applique de toutes ses forces à étudier peut devenir un saint. Celui qui ne s'y applique pas ne sera jamais qu'un homme inculte, et comme un paysan grossier. »

---

1. Disciple de Confucius.
2. Qui peut être employé, mais à un seul usage.
3. Disciple de Confucius.
4. Renonçant à enseigner inutilement les hommes, et fuyant le monde.
5. Tzeu Iou.
6. Tzeu houa, disciple de Confucius.
7. Grand préfet de la principauté de Wei (mort vers -480).
8. Grand préfet de Tcheng.

Confucius

9. Grand préfet de Ts'i.
10. Ts'ouei tzeu et Tch'enn Wenn tzeu étaient ministres de la principauté de Ts'i.
11. Parce qu'elle avait été souillée du sang de son prince.
12. Ou, ne donner aucune peine à personne.

Chapitre VI

VI.1. Le Maître dit : « Ioung [1] est capable de régler les affaires publiques, le visage tourné vers le midi [2]. » Tchoung koung interrogea Confucius sur Tzeu sang Pe tzeu. Le Maître répondit : « Il a de bonnes qualités ; il se contente aisément. » Tchoung koung dit : « Être soi-même toujours diligent, et ne pas exiger trop de son peuple, n'est-ce pas louable ? Mais être soi-même négligent, et exiger peu des autres, n'est-ce pas se contenter trop facilement ? » Le Maître répondit : « Ioung, vous dites vrai. »

Si [un officier] prend la ferme résolution d'être diligent, il a une détermination, et se gouverne lui-même avec sévérité. Si de plus il exige peu du peuple, les charges imposées ne sont pas nombreuses, et le peuple n'est pas molesté.

Mais s'il se propose avant tout de se contenter aisément, il n'a pas de détermination, et il est très indulgent envers lui-même. Si de plus, dans les affaires, il se contente de peu, n'est-ce pas une négligence excessive et l'abandon de toutes les lois ? Dans les Traditions de famille sur Confucius, il est rapporté que Tzeu sang Pe tzeu ne portait à la maison ni tunique ni bonnet. Confucius l'a blâmé d'avoir voulu que les hommes vécussent comme les bœufs et les chevaux.

VI.2. Le prince Ngai demanda à Confucius quels étaient ceux de ses disciples qui s'appliquaient avec ardeur à l'étude et à la pratique de la vertu. Confucius répondit : « Ien Houei s'y appliquait avec ardeur. Lorsqu'il était justement irrité contre quelqu'un, il n'étendait pas injustement sa colère à un autre. Il ne tombait jamais deux fois dans la même faute. Malheureusement, il a peu vécu. À présent, il n'est plus personne qui lui ressemble. Je n'ai entendu citer aucun homme qui aimât véritablement l'étude. »

VI.3. Tzeu houa était dans la principauté de Ts'i chargé d'une mission [3]. Jen tzeu [4] demanda à Confucius une allocation de grain pour la mère de Tzeu houa. Le Maître dit : « Je lui en donne six boisseaux et quatre dixièmes. » Jen tzeu en demanda davantage. Confucius dit : « Je lui en donne seize boisseaux. » Jen tzeu lui en donna de son chef quatre cents boisseaux. Le Maître réprimanda Jen tzeu, et lui dit : « Tzeu houa est allé à Ts'i dans un char traîné par des chevaux magnifiques, et avec des vêtements garnis de fine fourrure. J'ai entendu dire que l'homme honorable secourait les indigents ; mais n'ajoutait pas à l'opulence des riches. »

Confucius fit de Iuen seu [5] son intendant. Il lui donna neuf cents mesures de grain. Iuen seu, jugeant que c'était trop, refusa. Le Maître dit : « Acceptez ; vous le distribuerez aux pauvres dans les hameaux, les villages, les villes et les bourgades de votre préfecture. »

Un officier ne doit pas refuser le traitement ordinaire. S'il a du superflu, il fera bien de le distribuer aux pauvres et aux indigents.

VI.4. Le Maître dit en parlant de [son disciple] Tchoung koung : « Si une génisse [6], née d'une vache au poil varié, est de couleur rousse et a les cornes bien régulières, quand même on ne voudrait pas l'offrir en victime, les esprits des montagnes et des fleuves la refuseraient-ils ? »

Sous la dynastie des Tcheou, les victimes de couleur rougeâtre étaient les plus estimées ; on immolait des bœufs roux. Sans doute une génisse ou un taureau qui n'est pas d'une seule couleur ne peut servir comme victime ; mais la génisse ou le taureau né d'une vache ou d'un taureau aux couleurs variées peut être immolé, si sa couleur est rougeâtre ou rousse. Le père de Tchoung koung était un homme méprisable et vicieux. Confucius se sert d'une comparaison tirée de la couleur des victimes, pour montrer que les vices du père ne détruisent pas les bonnes qualités du fils ; que si Tchoung koung a des vertus et des talents, on doit lui confier une charge dans l'intérêt du pays.

VI.5. Le Maître dit : « Ien Houei passait trois mois entiers sans que son cœur s'écartât de la vertu d'humanité. Mes autres disciples l'atteignent tout au plus une fois par jour ou par mois, et ils s'arrêtent. »

VI.6. Ki K'ang tzeu demanda si Tzeu lou était capable d'administrer les affaires publiques [7]. Le Maître répondit : « Iou [8] sait prendre une décision ; quelle difficulté aurait-il à administrer les affaires publiques ? » Ki K'ang tzeu dit : « Seu [9] est-il capable d'administrer les affaires publiques ? » Confucius répondit : « Seu est très intelligent ; quelle difficulté aurait-il à administrer les affaires publiques ? » Ki K'ang tzeu dit : « K'iou [10] peut-il gérer les affaires publiques ? » Confucius répondit : « K'iou a beaucoup de talents ; quelle difficulté aurait-il à administrer les affaires publiques ? »

VI.7. Le chef de la famille Ki fit inviter Min Tzeu k'ien à exercer la charge de gouverneur dans la ville de Pi. Min Tzeu k'ien répondit à l'envoyé : « Exprimez poliment mon refus à votre maître. S'il m'envoie un second messager, je serai certainement au-delà de la Wenn [11]. »

Min Tzeu k'ien, nommé Suenn, disciple de Confucius. Wenn, rivière qui passait au sud de la principauté de Ts'i, au nord de celle de Lou. Le chef de la famille Ki était grand préfet ; il gouvernait la principauté de Lou avec un pouvoir absolu. La ville de Pi lui appartenait, et lui servait comme de citadelle pour résister à son prince. Lorsque Confucius était ministre de la justice, il voulait toujours la démolir. Un jour, Ki fit inviter Min Tzeu à exercer la charge de gouverneur dans cette ville. Il n'avait d'autre dessein que de se l'attacher. Mais Min Tzeu était un disciple vertueux et sage du saint Maître. Comment aurait-il consenti à suivre le parti d'un sujet qui avait usurpé tout le pouvoir ? Il répondit à l'envoyé : « Le grand préfet veut se servir de moi ; mais les honneurs et les riches appointements n'excitent pas mes désirs. Vous, parlez pour moi à votre maître doucement et adroitement. Dites-lui mon désir de n'exercer aucune charge, et détournez-le de me confier un emploi. Si l'on revient me faire une seconde invitation, certainement je quitterai la principauté de Lou, et me réfugierai au-delà de la Wenn. »

VI.8. Pe gniou étant malade, le Maître alla lui faire visite. Il lui prit la main à travers la fenêtre, et dit : « Nous le perdrons. Tel est son destin. Se peut-il qu'un tel homme soit ainsi malade ! Se peut-il qu'un tel homme soit ainsi malade ! »

Pe gniou était l'un des disciples de Confucius. Son nom de famille était Jen, et son nom propre Keng. Les anciens lettrés ont pensé que sa maladie était la lèpre. La fenêtre dont il est ici parlé regardait le midi. D'après les usages, celui qui était malade se tenait auprès d'une fenêtre tournée au nord. S'il devait recevoir la visite d'un prince, il changeait de place et se tenait auprès d'une fenêtre tournée au midi, afin que le prince en le visitant eût le visage tourné vers le midi. Les personnes de la maison de Pe gniou voulurent faire le même honneur à Confucius ; mais le Maître n'osa pas l'accepter. Il n'entra pas dans la maison, prit la main du malade par la fenêtre, et lui dit un éternel adieu.

VI.9. Le Maître dit : « Que la sagesse de Ien Houei était grande ! Il demeurait dans une misérable ruelle, n'ayant qu'une écuelle de riz et une gourde de boisson. Un autre, en se voyant si dépourvu, aurait eu un chagrin intolérable. Houei était toujours content. Oh ! que Houei était sage ! »

VI.10. Jen K'iou dit : « Maître, ce n'est pas que votre Voie me déplaise ; mais je n'ai pas la force de la mettre en pratique. » Le Maître répondit : « Celui qui vraiment n'en a pas la force tombe épuisé à mi-chemin. Quant à vous, vous vous assignez des limites [12]. »

VI.11. Le Maître dit à Tzeu hia : « Sois un lettré honorable, et non un lettré de peu. »

VI.12. Lorsque Tzeu iou était gouverneur de Ou tch'eng [13], le Maître lui dit : « As-tu trouvé des hommes qui méritent votre confiance ? » Tzeu iou répondit : « Il y a T'an t'ai Mie ming. Il ne va jamais par les sentiers écartés et cachés. Jamais il n'est allé chez moi que pour des affaires publiques [14]. »

VI.13. Le Maître dit : « Meng Tcheu fan ne se vante pas lui-même. L'armée ayant été mise en déroute, il est revenu le dernier. Arrivé à la porte de la capitale, il frappa son cheval, en disant : "Ce n'est pas que j'aie eu le courage de me retirer après les autres ; mais mon cheval n'avance pas." »

Meng Tcheu fan, nommé Tche, était grand préfet dans la principauté de Lou. La onzième année de Ngai, l'armée de Ts'i envahit la frontière septentrionale de Lou. Les troupes de Lou rencontrèrent celles de Ts'i non loin de la capitale de Lou. Elles furent mises en déroute. Meng Tcheu fan resta seul derrière tous les autres, revint le dernier et, en se retirant, il résista encore à l'ennemi, afin de sauver l'armée. On peut dire qu'il a bien mérité de son pays. Arrivé à la porte de la capitale de Lou, au moment où tous les regards étaient tournés vers lui, il fouetta son cheval, et dit : « Je n'aurais pas eu le courage de rester le dernier ; mais mon cheval ne peut avancer. » Non seulement il n'eut aucun orgueil de sa belle action, mais il essaya même de la cacher.

VI.14. Le Maître dit : « À moins d'avoir le talent de l'orateur T'ouo et la beauté de Tchao de Soung, il est difficile d'échapper à la haine dans ce siècle. »

L'orateur T'ouo, grand préfet dans la principauté de Wei, était chargé de faire l'éloge des ancêtres du prince, de leur adresser des prières et de transmettre leurs réponses. Il était très habile à parler. Tchao, fils du prince de Soung, était remarquable par sa beauté. Ces deux hommes étaient en grand renom, à l'époque des événements racontés dans les [annales des] Printemps et Automnes. Confucius dit en gémissant : « À présent les hommes ne sont plus comme autrefois. Ils n'aiment pas la franchise, mais la flatterie ; ils n'aiment pas la Vertu, mais la beauté. À moins d'avoir l'habileté de l'orateur T'ouo et la beauté de Tchao, fils du prince de Soung, il est impossible de plaire aux hommes de notre époque, et très difficile d'échapper à la haine et à l'envie. »

VI.15. Le Maître dit : « Quelqu'un peut-il sortir de la maison, si ce n'est par la porte ? Pourquoi personne ne passe-t-il par la Voie ? »

Les hommes savent que, pour sortir, il faut passer par la porte, et ils ne savent pas que, pour bien agir, il faut passer par la Voie.

VI.16. Le Maître dit : « Celui chez qui les qualités naturelles l'emportent sur la politesse des manières et du langage est un homme agreste. Celui chez qui la politesse des manières et du langage l'emporte sur les vertus intérieures est comme un copiste de tribunal. Celui qui possède à un égal degré la vertu et la politesse est un homme honorable. »

VI.17. Le Maître dit : « Tout homme en naissant a la rectitude. Si celui qui la perd ne perd pas en même temps la vie, il a un bonheur qu'il n'a pas mérité. »

VI.18. Le Maître dit : « Mieux vaut l'aimer que la connaître seulement, et mieux vaut encore en faire ses délices que de l'aimer seulement. »

VI.19. Le Maître dit : « Qui s'élève au-dessus de la moyenne peut entendre des enseignements élevés. Qui reste en dessous de la moyenne n'en est pas capable. »

VI.20. Fan Tch'eu l'interrogea sur l'intelligence. Le Maître dit : « Traiter le peuple avec équité, honorer les esprits, mais s'en tenir à distance [15], cela peut s'appeler intelligence. »

Honorer les esprits, c'est s'appliquer de tout cœur à leur témoigner sa reconnaissance et à leur faire des offrandes. Les esprits, dont il est ici parlé, sont ceux auxquels on doit faire des offrandes. Se tenir à l'écart, c'est ne pas chercher à faire en quelque sorte la cour aux esprits pour en obtenir des faveurs. L'homme a des règles constantes à observer dans toutes ses actions chaque jour de sa vie. Si quelqu'un, guidé par son jugement, donne toute son application aux devoirs qu'il doit remplir et aux choses qu'il doit faire, s'il honore les esprits par des hommages sincères, sans leur faire la cour ni solliciter leurs faveurs, la prospérité et l'infortune ne sont plus capables de le toucher ; n'est-ce pas de l'intelligence ?

Fan Tch'eu l'interrogea ensuite sur le sens de l'humanité. Confucius répondit : « L'homme honorable commence par le plus difficile, avant de penser aux avantages qu'il en doit retirer ; on peut appeler cela de l'humanité. »

VI.21. Le Maître dit : « L'homme intelligent aime l'eau, et l'homme honorable les montagnes. L'homme intelligent se donne du mouvement [16] ; l'homme honorable demeure immobile [17]. L'homme intelligent vit heureux ; l'homme honorable vit longtemps. »

L'homme intelligent a l'esprit exempt de tout préjugé et de toute passion, très perspicace et libre de toute entrave. Il a une ressemblance avec l'eau ; c'est pour cela qu'il aime l'eau. L'homme honorable est grave et ferme par caractère ; rien ne peut l'émouvoir ni l'agiter. Il a une ressemblance avec les montagnes, et il les aime. L'homme intelligent pénètre toutes choses par perspicacité ; son activité atteint presque le plus haut degré possible. L'homme honorable pratique tous les principes célestes spontanément ; son cœur n'est ni troublé ni tourmenté par les passions. Son repos est presque absolu. Un homme dont le cœur est attaché aux choses extérieures, comme par des liens, rencontre des obstacles à ses désirs et éprouve mille soucis. L'homme intelligent, dont la force d'âme est toujours pure et lucide, n'est arrêté par aucun obstacle. Comment ne serait-il pas heureux ? Un homme qui ne met pas de frein à ses passions ni à ses désirs se conduit mal et abrège sa vie. L'homme honorable jouit d'une santé forte et vigoureuse, qu'aucun excès ne vient altérer. Comment ne vivrait-il pas longtemps ?

VI.22. Le Maître dit : « Si la principauté de Ts'i s'améliorait d'un degré, elle vaudrait pour les mœurs celle de Lou. Si la principauté de Lou devenait meilleure d'un degré, elle serait dans la Voie. »

VI.23. Le Maître dit : « Un vase à vin qu'on nomme kou [c'est-à-dire vase à angles], s'il n'a pas d'angles, doit-il être appelé kou ? »

Confucius voyait que dans le monde beaucoup de choses avaient un nom qui ne correspondait plus à leur réalité. C'est pour cela qu'il exprima sa douleur à propos du vase à vin nommé kou. Pour qu'un fils mérite le nom de fils, il faut qu'il pratique la piété filiale. Pour qu'un sujet mérite le nom de sujet, il faut qu'il soit fidèle à son prince. Il en est de même de toute autre chose.

VI.24. Tsai Ngo dit : « Un homme honorable auquel on annoncerait que la vertu d'humanité est au fond d'un puits, y descendrait-il pour la chercher ? » Le Maître dit : « Pourquoi agirait-il ainsi ? Un homme honorable, en recevant cette annonce, pourra se déterminer à aller au bord du puits, mais ne s'y jettera pas lui-même. Il pourra être trompé, mais non être aveuglé. »

VI.25. Le Maître dit : « L'homme honorable étend ses connaissances par les livres, et les ordonne grâce aux rites ; il parvient ainsi à ne rien trahir. »

VI.26. Le Maître visita Nan tzeu. Tzeu lou en fut mécontent. Le Maître dit, en prononçant une imprécation : « Si j'ai mal fait, que le Ciel me rejette ! que le Ciel me rejette ! »

Nan tzeu, femme de Ling, prince de Wei, avait une conduite déréglée. Confucius étant arrivé à la capitale de Wei, Nan tzeu l'invita à aller la voir. Confucius s'excuse d'abord ; puis, contraint par la nécessité, il alla visiter la princesse. Anciennement, celui qui exerçait une charge dans une principauté devait, d'après les usages, faire visite à la femme du prince. Tzeu lou, ne connaissant pas cette coutume, trouvait que c'était une honte de visiter cette femme perverse.

VI.27. Le Maître dit : « La Vertu qui se tient dans le milieu juste n'est-elle pas la plus parfaite ? Peu d'hommes la possèdent, et cela depuis longtemps. »

VI.28. Tseu koung dit : « Que faut-il penser de celui qui prodiguerait ses bienfaits parmi le peuple et pourrait aider la multitude ? Pourrait-on dire qu'il est pleinement humain ? » Le Maître répondit : « Aider la multitude ? mais c'est être un saint ! Iao et Chouenn eux-mêmes avaient la douleur de ne pouvoir le faire. La vertu d'humanité, c'est élever autrui comme on souhaiterait l'être soi-même ; c'est le faire parvenir là où on le voudrait soi-même. Qui est capable de s'en faire le modèle offre la recette de cette vertu. »

---

1. Tchoung koung.
2. Exercer l'autorité souveraine.
3. Qui lui avait été confiée par Confucius, alors ministre de la Justice dans la principauté de Lou.
4. Ami de Tzeu houa.
5. Disciple de Confucius.
6. Peut se traduire aussi par « bœuf de labour ». La plupart des traductions optent pour cette interprétation.
7. En qualité de grand préfet.
8. Tzeu lou.
9. Tzeu koung.
10. Jen lou.
11. Non plus dans la principauté de Lou, mais dans celle de Ts'i.

Les Entretiens de Confucius

12. Que vous ne voulez pas dépasser ; ce n'est pas la force, mais la volonté qui vous manque.
13. Ville de la principauté de Lou.
14. Et non pour ses propres affaires.
15. C'est-à-dire n'aller pas sans cesse à eux, comme les courtisans à leur prince, pour obtenir des faveurs.
16. Comme l'eau qui coule.
17. Comme une montagne.

Chapitre VII

VII.1. Le Maître dit : « Je transmets[1], et n'invente rien de nouveau. J'estime les Anciens et ai foi en eux. Je me permets de me comparer à notre vieux P'eng. »

Le vieux P'eng, dont le nom de famille est Ts'ien et le nom propre K'eng, était petit-fils de l'empereur Tchouen hiu. À la fin de la dynastie des [Chang-]In, il avait plus de sept cents ans, et n'était pas encore cassé de vieillesse. Il reçut en fief la vallée de Ta p'eng dans la principauté de Han et, pour cette raison, fut appelé le vieux P'eng.

VII.2. Le Maître dit : « Engranger en silence les connaissances, apprendre sans éprouver jamais de satiété, enseigner sans jamais se lasser, quelle est [la difficulté] pour moi ? »

VII.3. Le Maître dit : « Ce qui me préoccupe, c'est de ne pas m'appliquer à cultiver la Vertu, de ne pas enseigner ce que j'ai étudié, d'entendre parler de justice sans pouvoir l'appliquer, et de ne pouvoir me corriger de mes défauts. »

VII.4. Lorsque le Maître n'était pas occupé d'affaires, son maintien était plein d'aisance, son air affable et joyeux.

VII.5. Le Maître dit : « Comme je suis affaibli ! Depuis longtemps je ne vois plus en songe Tcheou koung. »

Lorsque Confucius était dans la force de l'âge, il se proposait d'imiter Tcheou koung, et il le voyait en rêve. Quand il fut devenu vieux, et incapable d'imiter de si grands exemples, il n'eut plus les mêmes aspirations ni les mêmes songes.

VII.6. Le Maître dit : « Tendez votre volonté vers la Voie ; fondez-vous sur la Vertu ; appuyez-vous sur la bienveillance ; ayez pour délassements les [six] arts [2]. »

VII.7. Le Maître dit : « Chaque fois que quelqu'un est venu de lui-même à mon école, en m'apportant les présents d'usage, ne fussent que dix tranches de viande séchée, jamais je ne lui ai refusé mes enseignements. »

Dix tranches de viande séchée formaient un paquet. Chez les Anciens, lorsqu'on faisait une visite, l'usage exigeait qu'on offrît un présent. Un paquet de dix tranches de viande était le moindre de tous les présents. Confucius désirait que tous les hommes sans exception entrassent dans la voie de la vertu. Mais il n'était pas d'usage que le maître allât enseigner celui qui ne savait pas venir recevoir des leçons. Si quelqu'un venait en observant les usages, Confucius lui donnait toujours ses enseignements.

VII.8. Le Maître dit : « Je n'enseigne pas celui qui ne s'efforce pas de comprendre ; je n'aide pas à parler celui qui ne s'efforce pas d'exprimer sa pensée. Si je soulève un angle [de la question] et que l'on est incapable de me retourner les trois autres, alors je n'y reviens pas. »

VII.9. Lorsque le Maître mangeait à côté d'une personne en deuil, il modérait son appétit. Quand il avait pleuré dans la journée, il ne chantait pas.

VII.10. Le Maître dit à Ien Iuen : « Toi et moi nous sommes les seuls qui soyons toujours disposés à remplir une charge, quand on nous l'offre, et à rentrer dans la vie privée, quand on nous la retire. » Tzeu lou dit : « Maître, si vous aviez trois légions à conduire, quel serait celui que vous prendriez pour vous aider ? » Le Maître répondit : « Je ne prendrais pas un homme qui serait disposé à saisir [3] un tigre à mains nues, à traverser un fleuve sans barque, à braver la mort sans regrets. Je choisirais certainement un homme qui n'aborderait les situations qu'avec circonspection, et qui ne réussirait que par attachement à la stratégie. »

VII.11. Le Maître dit : « S'il convenait de chercher à amasser des richesses, fallût-il, pour y parvenir, remplir l'office de valet qui tient le fouet, je le remplirais. Mais tant qu'il ne convient pas de le faire, je poursuis l'objet de mes désirs [4]. »

VII.12. Trois choses éveillaient surtout la prudence du Maître : le jeune, la guerre et la maladie.

Confucius était attentif à tout. Mais trois choses attiraient spécialement son attention : l'abstinence, parce qu'elle prépare à entrer en communication avec les intelligences spirituelles, la guerre, parce que la vie ou la mort d'un grand nombre d'hommes, le salut ou la ruine de l'État en dépendent, la maladie, parce que notre vie en dépend.

VII.13. Le Maître, étant dans la principauté de Ts'i, entendit exécuter l'Hymne du couronnement de Chouenn [5]. Pendant trois mois, il en oublia le goût de la viande. « Je ne pensais pas, dit-il, que la musique pût atteindre une si grande perfection. »

VII.14. Jen Iou dit : « Notre Maître est-il pour le prince de Wei [6] ? » Tzeu koung répondit : « Bien ; je le lui demanderai. » Entrant chez Confucius, il lui dit : « Que faut-il penser de Pe i et de Chou ts'i ? » Confucius répondit : « C'étaient deux sages de l'Antiquité. » Tzeu koung reprit : « Éprouvèrent-ils des regrets ? » Confucius répondit : « Ils aspiraient à la vertu d'humanité, et ont atteint leur but. Pourquoi auraient-ils éprouvé des regrets ? » Tzeu koung, quittant Confucius, retourna auprès de Jen Iou, et lui dit : « Notre Maître n'est pas pour le prince Tche. »

Ling, prince de Wei, chassa de ses États son fils K'ouai kouei, qui devait hériter du titre de prince. Le prince Ling étant mort, ses sujets mirent à sa place Tche, fils de K'ouai kouei. Mais les habitants de la principauté de Tsin ramenèrent K'ouai kouei dans la principauté de Wei ; et Tche entra en lutte avec son père. Confucius était alors dans la principauté de Wei. Les habitants croyaient que, K'ouai kouei ayant encouru la disgrâce de son père, Tche, petit-fils légitime du prince Ling, devait lui succéder. Jen Iou eut des doutes et interrogea à ce sujet.

Pe i et Chou ts'i étaient deux fils du prince de Kou tchou (pays actuellement compris dans le Tcheu li). Leur père en mourant légua son titre de prince à Chou ts'i (qui était son troisième fils). Quand il fut mort, Chou ts'i voulut céder le titre de prince à Pe i, son frère aîné. Pe i rappela la volonté de son père ; et prenant la fuite, se retira dans un autre pays. Chou ts'i n'accepta pas non plus l'héritage, et s'enfuit également. Les habitants établirent héritier le deuxième des fils du prince défunt. plus tard, le roi Ou (fondateur de la dynastie des Tcheou), ayant chassé Tcheou (dernier empereur de la dynastie des Chang-ln), Pe i et Chou ts'i montèrent à cheval, et allèrent en toute hâte reprocher au roi Ou d'avoir éteint la dynastie des Chang-ln. Considérant comme une honte de manger le grain récolté dans l'empire des Tcheou, ils se retirèrent sur le mont Cheou iang, où ils moururent de faim.

Tzeu koung, quittant Confucius, dit à Jen Iou : « Puisque notre Maître approuve la conduite des deux frères Pe i et Chou ts'i, qui se cédèrent l'un à l'autre la dignité de prince, certainement il désapprouve le prince de Wei qui dispute à son père cette même dignité. Évidemment, il n'est pas pour le prince de Wei. »

VII.15. Le Maître dit : « Fût-on réduit à manger une grossière nourriture, à boire de l'eau, et à reposer la nuit la tête appuyée sur son bras, on y trouvera de la joie au milieu de ses privations. Les richesses et les dignités obtenues injustement me paraissent comme des nuages qui passent. »

VII.16. Le Maître dit : « Accordez-moi encore quelques années de vie, et quand j'aurais étudié cinquante ans le Livre des Mutations, je pourrais éviter les fautes graves. »

VII.17. Le Maître utilisait la prononciation correcte quand il récitait le Livre des Odes ou le Livre des Documents, et quand il exécutait les rites. Dans toutes ces occasions, il utilisait la prononciation correcte.

VII.18. Le prince de Che ayant interrogé Tzeu lou sur la personne de Confucius, Tzeu lou ne répondit pas. Le Maître dit : « Pourquoi n'as-tu pas répondu : "C'est un homme qui s'applique avec une telle ardeur qu'il oublie de manger, éprouve une telle joie qu'il oublie tous soucis ; et ne sent pas venir la vieillesse ?" »

Le prince de Che était Chenn Tchou leang, nommé Tseu kao, préfet de Che hien. Il avait usurpé le titre de prince.

VII.19. Le Maître dit : « La connaissance n'est pas innée en moi ; mais mon amour pour l'Antiquité m'y fait aspirer avec ardeur. »

En parlant ainsi, Confucius a voulu s'abaisser lui-même. Il a été un saint, parce que la connaissance était innée en lui. Quand il disait qu'il aimait l'étude, ce n'était pas uniquement pour engager les autres à étudier. Car, ce qu'un homme peut connaître naturellement et sans étude, ce sont les devoirs de Justice et de convenance. Quant aux faits historiques, aux changements introduits dans les cérémonies, dans la musique, dans les insignes des dignités, nul ne peut les connaître avec certitude, s'il ne les a étudiés.

VII.20. Le Maître ne parlait pas des choses extraordinaires, ni des actes de violence, ni des troubles, ni des esprits.

Parler des choses extraordinaires, c'est exciter les hommes à ne pas suivre les règles ordinaires ; parler des actes d'audace et de violence, c'est affaiblir dans les hommes les sentiments de douceur ; parler de résistance aux lois ou à l'autorité, c'est porter les hommes à violer la justice ; parler des esprits, c'est brouiller les idées de ceux qui écoutent.

VII.21. Le Maître dit : « Si je voyageais avec deux compagnons, tous deux me serviraient de maîtres. J'examinerais ce que le premier a de bon et je l'imiterais ; les défauts que je reconnaîtrais en l'autre, je tâcherais de les corriger en moi-même. »

VII.22. Le Maître dit : « Le Ciel m'a donné la Vertu avec l'existence ; que peut me faire Houan T'ouei ? »

Houan T'ouei était Hiang T'ouei, ministre de la Guerre dans la principauté de Soung. Il descendait du prince Houan, et pour cette raison s'appelait le chef de la famille Houan. Confucius, étant dans la principauté de Soung, expliquait les devoirs de l'homme à ses disciples sous un grand arbre. T'ouei, qui haïssait le Maître, fit abattre l'arbre. Les disciples furent frappés de crainte. Confucius, s'abandonnant avec confiance au Ciel, dit : « Puisque le Ciel, en me donnant l'existence, a mis en moi une telle Vertu, certainement il a des desseins sur moi. Quand même les hommes voudraient me nuire, ils ne pourraient résister au Ciel. »

VII.23. Le Maître dit : « Pensez-vous, mes amis, que je vous cache quelque chose ? Je ne vous cache rien ; je n'ai rien fait dont je ne vous ai donné connaissance. Voilà comme je suis. »

VII.24. Le Maître enseignait spécialement quatre choses : les textes anciens, la pratique, la loyauté et la fidélité.

VII.25. Le Maître dit : « Il ne m'a pas été donné de voir un homme saint ; si je voyais seulement un sage, j'en serais assez content. Il ne m'a pas été donné de voir un homme bon ; si je voyais seulement un homme constant, j'en serais assez content. Celui-là ne peut pas être constant qui n'a rien et feint d'avoir quelque chose, qui est vide et cherche à paraître plein, qui possède peu de chose et veut étaler une grande magnificence. »

VII.26. Le Maître pêchait à la ligne, mais non au filet ; il ne tirait pas sur les oiseaux qui étaient dans leur nid.

Il s'agit ici de tirer sur les oiseaux avec une flèche retenue par un long fil de soie écrue. Confucius étant d'une famille pauvre et d'une humble condition, il était parfois obligé dans sa jeunesse de prendre des poissons à la ligne ou de chasser les oiseaux, pour nourrir ses parents et faire des offrandes aux morts. Mais tuer et prendre tous les animaux était contraire à sa volonté, et il ne le faisait pas. En cela apparaît le cœur compatissant de cet homme si bon. En voyant de quelle manière il traitait les animaux, on peut juger comment il traitait les hommes ; en voyant la manière dont il agissait dans sa jeunesse, on peut juger comment il agissait dans l'âge mûr.

VII.27. Le Maître dit : « Il est peut-être des hommes qui agissent en toute ignorance, je n'en suis pas. Après avoir beaucoup entendu, j'examine et je choisis ce qui est bon à suivre. J'observe beaucoup pour le graver dans ma mémoire : c'est le second degré de la connaissance [7]. »

VII.28. Il était difficile de convaincre les habitants du Village de Hou. Un jeune homme de ce pays se présenta pour suivre les leçons de Confucius. Les disciples en furent étonnés. Le Maître dit : « Lorsque quelqu'un vient à moi après s'être purifié, je l'approuve, sans pour autant me faire garant de son passé ni de tout ce qu'il fera par la suite. Pourquoi donc serais-je si sévère ? »

VII.29. Le Maître dit : « La vertu d'humanité est-elle inaccessible ? Il me suffit de la désirer et la voilà. »

La vertu d'humanité est la bonté naturelle que chaque homme possède nécessairement. Mais les hommes, aveuglés par leurs passions, ne savent pas la chercher. Ils suivent l'inverse et se persuadent qu'elle est loin d'eux.

VII.30. Le ministre de la Justice de la principauté de Tch'enn demanda si Tchao, prince de Lou, connaissait les convenances. Confucius répondit qu'il les connaissait. Le Maître s'étant retiré, le ministre de la Justice rencontra et salua Ou ma K'i ; puis, l'ayant fait entrer, il lui dit : « J'ai entendu dire qu'un homme honorable n'est point partial ; or cet homme honorable ne le serait-il pas ? Le prince de Lou [8] a épousé, dans la principauté de Ou, une femme dont la famille porte aussi le nom de K'i ; et, pour cacher cette irrégularité, il a appelé sa femme Ou ma Tzeu, au lieu de Ou ma K'i, qui était son vrai nom. Si le prince de Lou connaît les convenances, quel est celui qui ne les connaît pas ? » Ou ma K'i rapporta ces paroles à Confucius qui lui répondit : « Par un bonheur singulier, si je commets une faute, elle ne manque jamais d'être connue. »

Ou ma K'i, nommé Cheu, disciple de Confucius. D'après, les usages, un homme et une femme, dont les familles portaient le même nom, ne se marient pas ensemble. Or les familles princières de Lou et de Ou s'appelaient toutes deux K'i. Le prince de Lou, pour cacher le nom de famille de sa femme, l'appela Ou meng Tzeu, comme si elle avait été fille du prince de Soung, dont le nom de famille était Tzeu. Confucius ne pouvait se permettre de dire que son prince avait mal agi ; d'un autre côté, il ne pouvait dire que celui qui avait épousé une femme de même nom que lui connût (et observât) les usages. Pour cette raison, il laissa croire que sa réponse était blâmable, et ne chercha pas à s'excuser. S'il avait censuré ouvertement la conduite de son prince, il aurait manqué au devoir d'un sujet fidèle. S'il n'avait pas dit qu'il avait mal répondu, il aurait paru méconnaître une loi concernant les mariages. On voit que le maître dans sa réponse a atteint la perfection au moyen d'un détour. En s'accusant lui-même, il dit : « Le plus grand malheur qui puisse arriver à un homme, c'est de n'être pas averti de ses fautes. Moi, j'ai un bonheur particulier ; si je commets une faute, elle ne manque pas d'être connue. Lorsqu'elle est connue des autres, j'en suis informé ; je puis changer de conduite, et me rendre irréprochable. N'est-ce pas un très grand bonheur pour moi ? »

VII.31. Lorsque Confucius se trouvait avec d'habiles chanteurs qui exécutaient un chant, il le leur faisait répéter et les accompagnait.

VII.32. Le Maître dit : « J'ai peut-être autant d'érudition qu'un autre ; mais je ne suis pas encore parvenu à agir en homme honorable. »

VII.33. Le Maître dit : « Oserais-je penser que je possède la sainteté ou la Vertu [suprême] ? Mais, tout ce que je puis dire, c'est que je m'y attelle sans jamais en éprouver de dégoût, et les enseigne sans jamais me lasser. » Koung si Houa dit : « Ce sont précisément deux choses que nous autres, disciples, ne parvenons pas à apprendre. »

VII.34. Confucius étant gravement malade, Tzeu lou lui proposa de réciter des prières [propitiatoires]. Le Maître dit : « En existe-t-il ? » Tzeu lou répondit : « Il en existe. Dans les Oraisons funèbres il est dit : "Nous vous supplions, esprits du ciel et de la terre…" » Le Maître répliqua : « Il y a longtemps que je prie. »

« En effet, prier, ce n'est autre chose que se corriger de ses défauts, et solliciter ainsi le secours des esprits. Moi, tous les jours, si j'ai quelque défaut, je le corrige ; je m'amende en fonction du bien. Ma prière est vraiment continuelle. Comment aurais-je attendu jusqu'à aujourd'hui pour prier ? »

VII.35. Le Maître dit : « La prodigalité conduit à l'arrogance, et la parcimonie à l'avarice. L'arrogance est pire que l'avarice. »

VII.36. Le Maître dit : « Le sage est calme et serein. L'homme de peu est toujours accablé de soucis. »

VII.37. Le Maître était affable mais ferme, imposant mais sans dureté ; courtois mais sans affectation.

---

1. Les enseignements des Anciens.
2. L'urbanité, la musique, le tir à l'arc, l'art de conduire un char, l'écriture et le calcul.
3. Cf. Livre des Odes, n°195, 6' strophe.
4. La sagesse.
5. Littéralement « la musique Chao », ode qui célèbre l'accession pacifique au pouvoir du deuxième souverain mythique, Chouenn.
6. Nommé Tche.
7. Le premier est la connaissance innée (cf. chap. VII, 19 et chap. XVI, 9).
8. Dont la famille s'appelle K'i.

Chapitre VIII

VIII.1. Le Maître dit : « T'ai pe doit être considéré comme un homme d'une Vertu très parfaite. Par trois fois il a cédé résolument l'empire, et il n'a pas laissé au peuple la possibilité de célébrer son désintéressement. »

Anciennement, T'ai wang, prince de Tcheou, eut trois fils, dont l'aîné fut nommé T'ai pe, le second Tchoung ioung, et le troisième Ki li. Ki li eut pour fils Tch'ang, qui devint le roi Wenn. T'ai wang, voyant que Wenn possédait la Vertu, résolut de léguer la dignité de prince à Ki li, afin qu'elle passât à Wenn. T'ai pe ayant connu l'intention de son père, aussitôt, sous prétexte d'aller cueillir des plantes médicinales, s'en alla avec son frère cadet Tchoung ioung, et se retira au milieu des tribus barbares du midi. Alors T'ai wang transmit sa principauté à Ki li. Plus tard, le roi Ou (fils du roi Wenn) gouverna tout l'empire. Si l'on considère la conduite de T'ai pe comme elle parut aux yeux de ses contemporains, il n'a cédé qu'une principauté (la principauté de Tcheou). Mais si on la considère avec les connaissances actuelles, on voit qu'il a réellement refusé l'empire et l'a cédé au fils de son frère. Après l'avoir cédé, il s'est caché, il a disparu, il n'est pas resté trace de lui. Pour cette raison, le peuple n'a pu célébrer ses louanges. T'ai pe a enseveli dans l'ombre sa personne et son nom ; il a fait en sorte d'oublier le monde et d'en être oublié. C'est le plus haut degré de la Vertu.

VIII.2. Le Maître dit : « Sans civilité la politesse devient laborieuse, la circonspection craintive, le courage rebelle, la franchise offensante. Que le prince remplisse avec zèle ses devoirs envers ses proches, et le peuple sera mû par le bien. Que le prince n'abandonne pas ses anciens amis, et le peuple ne sera pas négligent. »

VIII.3. Tseng tzeu, sur le point de mourir, appela ses disciples et leur dit : « Découvrez mes pieds et mes mains [1]. On lit dans le Livre des Odes : "Tremblant et prenant garde, comme au bord d'un gouffre profond, comme marchant sur une glace très mince." À présent je sais que j'y ai échappé, ô mes enfants. »

Un fils doit rendre entier à la terre ce que ses parents lui ont donné entier, et ne pas les déshonorer en laissant endommager son corps. Sans doute, la principale obligation d'un bon fils est de se bien conduire, de faire honneur à ses parents en rendant son nom illustre ; mais celui qui sait conserver ses membres intacts sait aussi mener une vie irréprochable. S'il n'est pas permis de laisser perdre l'intégrité de son corps, à plus forte raison est-il blâmable de déshonorer ses parents par sa mauvaise conduite.

VIII.4. Tseng tzeu mourant reçut la visite de Meng King tzeu [2]. Prenant la parole, il lui dit : « L'oiseau qui va mourir crie d'une voix plaintive ; quand un homme va mourir ses paroles sont authentiques. Un homme honorable a surtout soin de trois choses : éviter la violence et l'insolence dans ses attitudes et dans ses gestes, garder une expression qui inspire confiance, prendre un ton dénué de vulgarité et de bassesse. Pour ce qui est des vases rituels de bambou ou de bois, il y a des officiers pour en prendre soin. »

VIII.5. Tseng tzeu dit : « Être habile, et interroger ceux qui ne le sont pas, avoir beaucoup, et interroger ceux qui ont peu, faire passer son acquis pour du non-acquis, et sa plénitude pour du vide ; recevoir des offenses sans les contester, j'avais autrefois un ami qui agissait ainsi [3]. »

VIII.6. Tseng tzeu dit : « Un homme à qui l'on peut confier la tutelle d'un jeune prince haut de six pieds et le gouvernement d'un État ayant cent stades d'étendue, et qui, au moment d'un grand trouble ou d'une révolution, reste fidèle à son devoir, un tel homme n'est-il pas un homme honorable ? Certainement il l'est. »

VIII.7. Tseng tzeu dit : « Un gentilhomme doit être robuste et courageux. Le fardeau est lourd, et le voyage long. Son fardeau, c'est la pratique de la vertu d'humanité ; n'est-ce pas lourd ? Son voyage ne finira qu'après la mort ; n'est-ce pas long ? »

VIII.8. Le Maître dit : « S'éveiller par la lecture des Odes, s'affermir par les rites, et s'accomplir par la musique. »

VIII.9. Le Maître dit : « On peut amener le peuple à faire ce qu'il doit ; mais on ne peut lui en faire connaître le pourquoi. »

VIII.10. Le Maître dit : « Celui qui aime à montrer de la bravoure et supporte avec peine sa pauvreté causera du désordre. Si un homme, qui n'est pas pleinement humain, se voit trop détesté, il tombera dans le désordre. »

VIII.11. Le Maître dit : « Un homme eût-il les belles qualités de Tcheou koung, s'il est orgueilleux et avare, rien en lui ne mérite d'être regardé. »

VIII.12. Le Maître dit : « Il est rare de trouver un homme qui se livre trois ans à l'étude, sans avoir en vue un salaire. »

Maître Iang dit : « Tzeu tchang, malgré toute sa sagesse, fut convaincu de convoiter les revenus attachés aux charges ; à plus forte raison, ceux qui lui sont inférieurs. »

VIII.13. Le Maître dit : « Adonnez-vous à l'étude avec une foi profonde, conservez [la bonne voie] jusqu'à la mort ; n'entrez pas dans un pays troublé ; ne demeurez pas dans un État en rébellion. Si le monde suit la Voie, montrez-vous [4], sinon cachez-vous. Si le pays suit la Voie, ayez honte de n'avoir ni richesses ni honneurs. Mais s'il ne la suit pas, ayez honte d'en avoir. »

VIII.14. Le Maître dit : « Ne cherchez pas à vous immiscer dans les affaires dont vous n'avez pas la charge. »

VIII.15. Le Maître dit : « Lorsque le grand maître de musique Tcheu attaquait le chant final, Les Mouettes, quels flots mélodieux emplissaient les oreilles ! »

VIII.16. Le Maître dit : « L'ambition sans droiture, l'ignorance sans prudence, la naïveté sans bonne foi, cela dépasse mon entendement ! »

VIII.17. Le Maître dit : « Étudiez, comme si vous aviez toujours à acquérir ; et craignez de perdre ce que vous avez acquis. »

Celui qui ne progresse pas chaque jour recule chaque jour.

VIII.18. Le Maître dit : « Oh ! suprême grandeur ! Chouenn et Iu ont possédé le monde sans y être attachés. »

VIII.19. Le Maître dit : « Que Iao a été un grand prince ! Quelle suprême grandeur ! Seul le Ciel est grand ; seul Iao l'égalait. Sa majesté était telle que le peuple ne pouvait lui donner de nom. Quelle suprême grandeur dans l'accomplissement de son œuvre ! Quelle splendeur émanait de la culture et des institutions ! »

VIII.20. Chouenn n'avait que cinq ministres d'État, et l'empire était bien gouverné. Le roi Ou [5] disait : « Je n'ai que dix ministres [6]. »

Confucius ajoute : « Les hommes de talent sont rares, n'est-il pas vrai ? L'époque de Iao et de Chouenn a été plus florissante que la nôtre [7]. Cependant elle ne paraît pas l'emporter par le nombre des hommes de talent [car Chouenn n'a trouvé que cinq ministres capables] ; le roi Ou n'a trouvé que neuf hommes, puisque l'un des dix était une femme. Posséder les deux tiers de l'empire, et employer sa puissance au service de la dynastie des [Chang-]In, ce fut la Vertu [suprême] des Tcheou ; ce mérite a été très grand. »

VIII.21. Le Maître dit : « Je ne découvre aucune faille chez l'empereur Iu. Sa nourriture et sa boisson étaient fort simples, mais ses offrandes aux esprits manifestaient la plus parfaite piété filiale. Ses vêtements ordinaires étaient grossiers, mais sa robe et son bonnet de cérémonie étaient magnifiques. Son habitation et ses chambres étaient humbles, mais il donnait tous ses soins aux canaux d'irrigation. Je ne trouve aucune faille chez l'empereur Iu. »

Confucius

1. Et voyez que j'ai conservé tous mes membres dans leur intégrité.
2. Grand préfet dans la principauté de Lou.
3. Traditionnellement, il s'agirait de Ien Iuen.
4. On peut et on doit accepter une charge, dans l'intérêt de l'empereur et du peuple.
5. Fondateur de la dynastie des Tcheou.
6. Parmi eux il comptait sa femme, l'impératrice I kiang, qui gouvernait la ville impériale.
7. Celle de la dynastie des Tcheou.

Chapitre IX

IX.1. Le Maître parlait rarement du profit, du destin, de la vertu d'humanité.

Celui qui cherche sa propre utilité blesse la justice. La question du destin est très subtile. La voie de la vertu d'humanité est immense. Confucius parlait rarement de ces trois choses. Il parlait peu du profit, de peur de porter les hommes à ne désirer que des choses basses, à ne chercher que leurs propres intérêts. Il parlait peu du destin et de la vertu d'humanité, de peur d'exciter les hommes à vouloir faire des choses trop au-dessus de leurs forces. Il parlait peu de profit, de peur que ses disciples ne fussent trop portés à chercher leur propre intérêt. Il parlait peu du destin et de la vertu d'humanité, parce que ses disciples n'auraient pas facilement compris ces hautes questions.

IX.2. Un homme du bourg Ta hiang avait dit : « Confucius est certainement un grand homme. Il a beaucoup de science ; mais il n'a pas ce qu'il faut pour se faire un nom [1]. » Confucius, en ayant été informé, dit : « Quel art exercerai-je ? Exercerai-je l'art de conduire un char ? Exercerai-je l'art du tir à l'arc ? Je me ferai conducteur de char. »

Un conducteur de char est le serviteur d'autrui. Son métier est encore plus vil que celui d'archer. Le maître, entendant faire son éloge, répondit en s'abaissant lui-même. Cet homme saint n'avait pas réellement l'intention de se faire conducteur de char.

IX.3. Le Maître dit : « Le bonnet de chanvre est conforme aux rites anciens. À présent on porte le bonnet de soie, qui coûte moins cher. Je me conforme à l'usage général. Anciennement, un officier saluait son prince au bas des degrés qui conduisaient à la salle. À présent, on le salue au haut des degrés ; c'est de l'orgueil. Contrairement à tout le monde, je m'en tiens à l'ancien usage. »

IX.4. Le Maître désapprouvait quatre choses : l'opinion personnelle, l'affirmation catégorique, l'opiniâtreté et l'égoïsme.

IX.5. Le Maître se trouvant en péril dans le bourg de K'ouang, dit : « Le roi Wenn étant mort, sa culture [2] n'est-elle pas ici, en moi ? Si le Ciel avait voulu qu'elle disparût de la terre, il ne me l'aurait pas confiée après la mort du roi Wenn. Le Ciel ne veut pas encore la laisser perdre. Que peuvent contre moi les habitants de K'ouang ? »

Iang Hou avait exercé des cruautés dans le bourg de K'ouang. Confucius extérieurement ressemblait à Iang Hou. Les habitants le cernèrent pour le prendre.

IX.6. Le Premier ministre dit à Tzeu koung : « Votre Maître est-il un saint ? Comment possède-t-il tant de talents ? » Tzeu koung répondit : « Certainement le Ciel l'a destiné à la sainteté et, de plus, l'a doté de nombreuses capacités. » Le Maître en ayant été informé, dit : « Le Premier ministre me connaît-il ? Quand j'étais jeune, j'étais d'une condition humble, j'ai appris plusieurs choses de peu d'importance. L'homme honorable en apprend-il beaucoup ? Pas beaucoup. » Lao [3] dit : « Confucius disait : "J'ai cultivé les arts, faute d'occuper une charge publique." »

IX.7. Le Maître dit : « Est-ce que j'ai beaucoup de science ? Je n'ai pas de science. Mais quand un homme de la plus humble condition m'interroge, je discute la question sans préjugés, d'un bout à l'autre, sans rien omettre. »

IX.8. Le Maître dit : « Je ne vois ni phénix arriver, ni dessin sortir du fleuve. C'en est fait de moi. »

Le phénix est un oiseau qui annonce les choses futures. Au temps de Chouenn, il a été apporté et offert en présent à ce prince. Au temps du roi Wenn, il a chanté sur le mont K'i. Le dessin du fleuve est un dessin qui est sorti du fleuve Jaune sur le dos d'un cheval-dragon au temps de Fou hi [4]. Le phénix et le dessin du fleuve ont annoncé les règnes d'empereurs saints. Confucius dit : « Il ne paraît aucun présage annonçant le règne d'un empereur saint ; un tel empereur ne viendra donc pas. Quel empereur se servira de moi pour enseigner le peuple ? C'en est fait de ma Voie ; elle ne sera pas suivie. »

IX.9. Lorsque le Maître voyait un homme en deuil, ou en costume de cérémonie, ou un aveugle, fût-ce un homme moins âgé que lui, aussitôt [5] il se levait, ou pressait le pas [en les croisant].

IX.10. Ien Iuen disait avec un soupir d'admiration : « Plus je considère la Voie du Maître, plus je la trouve élevée ; plus je la scrute, plus il me semble impossible de la comprendre entièrement ; je crois la voir devant moi, et soudain je m'aperçois qu'elle est derrière moi. Heureusement le Maître me guide pas à pas. Il m'a élargi l'esprit par la culture, et m'a discipliné par les rites. Quand même je voudrais m'arrêter, je ne le pourrais. Mais, après que j'ai épuisé toutes mes forces, il reste toujours quelque chose qui semble se dresser devant moi, qu'il m'est impossible de gravir, malgré tout le désir que j'en ai. »

IX.11. Le Maître étant gravement malade, Tzeu lou engagea les disciples à lui servir d'intendants [6]. Le mal ayant un peu diminué, Confucius dit : « Il y a longtemps, Iou, que tu uses de faux-semblants. Je n'ai pas d'intendants, et cependant je suis comme si j'en avais. Puis-je tromper quelqu'un par cette ruse ? Espéré-je tromper le Ciel ? D'ailleurs, ne m'est-il pas préférable de mourir entre les mains de mes disciples qu'entre les mains d'intendants ? Et quand même je n'aurais pas un pompeux enterrement, je peux être sûr de ne pas mourir au bord d'un chemin ! »

IX.12. Tzeu koung dit à Confucius : « S'il y avait ici une belle pierre précieuse, la garderiez-vous cachée dans un coffret, ou bien chercheriez-vous un acheteur qui en donnât un prix élevé ? » Le Maître répondit : « Je la vendrais, certainement je la vendrais ; mais j'attendrais qu'on m'en offrît un prix convenable. »

Tzeu koung adressa à Confucius cette double question, parce qu'il voyait un homme doué de tant de talents n'exercer aucune charge. Confucius répondit qu'il fallait vendre la Pierre précieuse, mais qu'il ne convenait pas d'aller chercher les acheteurs. L'homme honorable désire toujours exercer une charge ; mais il veut que les convenances soient observées. Il attend une invitation régulière, comme la pierre précieuse attend les offres d'un acheteur.

IX.13. Le Maître aurait voulu aller vivre au milieu des neuf tribus barbares de l'Est [7]. Quelqu'un lui dit : « Ils sont grossiers ; convient-il de vivre parmi eux ? » Il répondit : « Si un homme honorable demeurait au milieu d'eux, le resteraient-ils encore ? »

Confucius, voyant que ses enseignements étaient infructueux, aurait désiré quitter l'empire chinois et se retirer dans une contrée étrangère. Il lui échappait, malgré lui, des gémissements par lesquels il manifestait comme le désir de vivre au milieu des neuf tribus barbares de l'Est. Il disait de même qu'il aurait désiré se confier à la mer sur un radeau (et se retirer dans une île déserte). Il n'avait pas réellement le dessein d'aller habiter au milieu des barbares dans l'espoir de les civiliser.

IX.14. Le Maître dit : « Depuis que je suis revenu de la principauté de Wei dans celle de Lou, la musique a été corrigée, les Odes de Cour et les Odes aux Ancêtres [8] ont été remises en ordre. »

IX.15. Le Maître dit : « Hors de la maison, je remplis mes devoirs envers le prince et ses ministres ; à la maison, je le fais envers mes parents et mes frères aînés ; j'observe le mieux possible toutes les prescriptions du deuil ; j'évite l'ivresse. Où est la difficulté pour moi ? »

Le Maître, pour instruire les autres en s'abaissant lui-même, dit : « C'est à force de persévérance que j'accomplis cela. »

IX.16. Le Maître se trouvant au bord d'un cours d'eau dit : « Tout passe comme cette eau ; rien ne s'arrête ni jour ni nuit. »

L'homme honorable imite ce mouvement continuel de l'eau et de toute la nature. Il ne cesse de s'efforcer d'atteindre sa perfection.

IX.17. Le Maître dit : « Je n'ai pas encore rencontré un homme qui aimât la Vertu autant que l'éclat extérieur [9]. »

Les Mémoires historiques racontent que, Confucius se trouvant dans la principauté de Wei, le prince Ling, porté sur une même voiture avec sa femme, fit monter Confucius sur une seconde voiture, et, pour frapper les regards, lui fit traverser la place publique. Le maître trouva ce procédé de très mauvais goût et dit à cette occasion les paroles qui viennent d'être citées.

IX.18. Le Maître dit : « Si, après avoir entrepris d'élever un monticule, j'abandonne mon travail, quand il ne manquerait qu'un panier de terre, il sera vrai de dire que j'ai abandonné mon entreprise. Si, après avoir commencé à faire un remblai, je continue mon travail, quand même je ne mettrais qu'un panier de terre, mon entreprise avancera. »

Si l'étudiant fait sans cesse des efforts, même en recueillant peu à la fois, il amassera beaucoup ; mais s'il s'arrête à mi-chemin, il perdra tout le fruit du travail qu'il a déjà accompli.

IX.19. Le Maître dit : « Il n'y avait que [Ien] Houei pour m'écouter sans se laisser disperser. »

IX.20. Le Maître parlant de Ien Iuen, disait : « Oh ! Que sa perte est regrettable ! Je l'ai toujours vu progresser, jamais s'arrêter. »

IX.21. Le Maître dit : « Il est parfois des moissons qui n'arrivent pas à fleurir ; il en est aussi qui, après avoir fleuri, n'ont pas de grain. »

Ainsi en est-il des hommes qui s'adonnent à l'étude, s'ils ne sont pas persévérants.

IX.22. Le Maître dit : « Nous devons prendre garde que les jeunes gens n'arrivent à nous surpasser. Qui sait s'ils ne parviendront pas à égaler les hommes de notre temps ? À l'âge de quarante ou cinquante ans, s'ils n'ont pas encore fait parler d'eux, il n'y aura plus lieu d'avoir la même crainte. »

IX.23. Le Maître dit : « Comment ne pas approuver des préceptes exemplaires ? Mais le plus précieux est de se corriger dans leur sens. Comment ne pas acquiescer à des conseils habiles ? Mais le plus précieux est d'y réfléchir. Je n'ai que faire d'un homme qui acquiesce sans réfléchir, qui approuve sans se corriger. »

IX.24. Le Maître dit : « On peut enlever de force à une armée de trois légions son général en chef ; il est impossible d'arracher de force au moindre particulier sa détermination de pratiquer la Vertu. »

IX.25. Le Maître dit : « Iou est homme à ne pas rougir de se trouver vêtu d'une tunique de toile usée au milieu d'hommes vêtus de fourrures de renard et de martre : "Qui ne jalouse pas et ne convoite pas, n'est-il pas irréprochable ?" » Dès lors, Tzeu Iou répétait sans cesse ces deux vers [du Livre des Odes]. Confucius dit : « Cela suffit-il pour être irréprochable ? »

IX.26. Le Maître dit : « C'est seulement quand le froid de l'hiver est arrivé qu'on s'aperçoit que le pin et le cyprès perdent leurs feuilles après tous les autres arbres. »

Le froid de l'hiver est l'image d'une époque de trouble. La persistance du feuillage est l'image de la volonté ferme et constante du sage. Quand la tranquillité règne, l'homme de peu pourra ne pas se distinguer de l'homme honorable. C'est seulement au milieu des avantages ou des désavantages apportés par une révolution qu'on reconnaît la constance de l'homme honorable.

IX.27. Le Maître dit : « Un homme éclairé n'hésite pas ; un homme honorable est exempt de soucis ; un homme courageux n'a pas peur. »

IX.28. Le Maître dit : « Il est des personnes avec lesquelles on peut étudier, mais non tendre vers la Voie. Il en est d'autres avec lesquelles on peut tendre vers la Voie, mais non s'y affermir. D'autres encore avec lesquelles on peut s'affermir, mais dont on ne peut partager le jugement. »

IX.29. « Le cerisier sauvage lui-même agite ses fleurs. Comment ne penserais-je pas à vous ? Mais vous demeurez loin d'ici. » Le Maître dit : « S'il pensait vraiment à elle, qu'importerait la distance ? »

---

1. Parce qu'il n'exerce aucun des six arts libéraux.
2. La connaissance des rites, des devoirs, de la musique et des lois.
3. Disciple de Confucius.
4. Fou hi fut le premier empereur mythique de la Chine.
5. Par commisération ou par honneur.
6. Comme si leur maître exerçait encore une charge importante, et pour lui préparer de pompeuses funérailles, comme à un haut dignitaire.
7. Le long des côtes de la mer Jaune.
8. Pour les Odes de cour, voir Livre des Odes, les 2' et 3' sections ; pour les Odes aux Ancêtres, voir ibid., 4' section.
9. D'aucuns traduisent « l'éclat extérieur » par « les femmes » (cf. A. Lévy), ou bien « l'instinct charnel » (cf A. Cheng). Le terme chinois admet ces nuances diverses.

Chapitre X

X.1. Confucius, dans le village où demeurait sa famille, était très simple ; il semblait ne pas savoir parler. Dans le temple des ancêtres et à la cour du prince, il s'exprimait clairement, mais avec une attention respectueuse.

X.2. Dans le palais du prince, il parlait aux inférieurs avec fermeté et sans détours, aux supérieurs avec affabilité et franchise. En présence du prince, il montrait une crainte presque respectueuse, une noble gravité.

X.3. Quand il était chargé par le prince de Lou de recevoir les hôtes, l'air de son visage semblait changé et sa démarche accélérée. Pour saluer les hôtes à leur arrivée, il joignait les mains, tournait seulement les mains jointes à droite et à gauche [1], sa tunique restait bien ajustée par-devant et par-derrière. En introduisant les hôtes, il marchait d'un pas rapide ; tenant les bras un peu étendus, comme les ailes d'un oiseau. Après le départ d'un hôte, il ne manquait pas d'avertir le prince [2]. Il lui disait : « L'hôte ne tourne plus la tête en arrière [3]. »

X.4. En entrant à la porte du palais, il se courbait comme si la porte avait été trop basse pour le laisser passer. Il ne se tenait pas au milieu de l'entrée ; en marchant, il évitait de mettre le pied sur le seuil. En passant auprès du siège du prince [4], l'air de son visage paraissait changé et sa démarche accélérée ; les paroles semblaient lui manquer. Il montait à la salle d'audience, tenant sa tunique relevée, ayant le corps incliné, et retenant son haleine comme s'il ne pouvait plus respirer. En sortant, dès qu'il avait descendu le premier degré, son visage reprenait son air accoutumé ; Il paraissait apaisé et joyeux. Arrivé au bas des degrés, il hâtait le pas, comme un oiseau qui étend les ailes. En retournant à sa place, il paraissait éprouver une crainte respectueuse.

X.5. Il tenait la tablette de jade de son prince [5], le corps incliné, comme s'il n'avait pas la force de la soutenir ; il la levait comme pour saluer ; il l'abaissait comme pour en faire offrande. Il avait l'air d'un homme qui tremble de peur. Il levait à peine les pieds en marchant, comme s'il avait cherché à suivre les traces de quelqu'un. En offrant au prince étranger les présents rituels, il avait un air serein. En lui offrant ses propres présents dans une visite particulière, il se montrait encore plus affable.

X.6. Cet homme honorable ne portait pas de collet à bordure de couleur violette [6], ni de collet à bordure brune [7]. Il ne prenait pas pour ses vêtements ordinaires la couleur incarnat, ni la couleur pourpre [8]. Pendant les chaleurs de l'été, sous une tunique de chanvre d'un tissu peu serré, il portait une autre tunique [9]. En hiver, il portait une tunique noire sur une tunique doublée de peau d'agneau noir, ou une tunique blanche sur une tunique doublée de peau de cerf blanc, ou une tunique jaune sur une tunique doublée de peau de renard jaune. La tunique doublée de fourrure qu'il portait ordinairement était longue ; mais la manche droite était plus courte que la gauche [10]. Les vêtements doublés d'épaisse fourrure de renard ou de martre lui servaient à la maison. Quand il n'était pas en deuil, il portait toujours divers objets suspendus à la ceinture. Quant à sa jupe, celle qui lui servait à la cour ou dans les temples avait des plis à la ceinture ; pour les autres, l'étoffe était deux fois moins large à la ceinture qu'à la partie inférieure. Il ne mettait pas sa tunique doublée de peau d'agneau ni son bonnet noir pour aller pleurer les morts [11]. À la nouvelle lune, il ne manquait pas de se présenter à la cour en habits de cour.

X.7. Lorsqu'il gardait l'abstinence [12], il revêtait une tunique de toile qui était réservée pour les jours de purification. La nuit, il prenait son repos enveloppé dans un vêtement qui avait une fois et demie la longueur de son corps. Il changeait de nourriture et d'appartement.

Lorsque Confucius se préparait à faire une offrande, il gardait l'abstinence prescrite. Après avoir pris un bain, il revêtait (sur ses vêtements ordinaires) la tunique des jours de purification, afin de conserver son corps pur et net de toute souillure. Cette tunique était de toile. Il avait soin de purifier parfaitement, non seulement son cœur et ses intentions, mais aussi son corps. Au temps de l'abstinence, comme il n'est permis de prendre son repos ni déshabillé, ni revêtu de la tunique des jours de purification, il avait un vêtement spécial qu'il mettait la nuit sur ses vêtements ordinaires. Ce vêtement avait une fois et demie la longueur de son corps, afin qu'il servît à couvrir les pieds. Au temps de l'abstinence, il changeait l'ordinaire de sa table. Il ne buvait pas de boisson fermentée, ne mangeait pas de légumes à odeur forte, de crainte que l'odeur n'obscurcît la clarté de son intelligence.

X.8. Confucius aimait que sa bouillie fût faite d'un riz très pur, et son hachis composé de viande hachée très fin. Il ne mangeait pas la bouillie qui était moisie et gâtée, ni le poisson ni la viande avariés. Il ne mangeait pas un mets qui avait perdu sa couleur ou son odeur ordinaire. Il ne mangeait pas un mets qui n'était pas cuit convenablement, ni un fruit qui n'était pas assez mûr. Il ne mangeait pas ce qui n'avait pas été coupé d'une manière régulière, ni ce qui n'avait pas été assaisonné avec la sauce convenable.

Le hachis se fait avec de la viande de bœuf ou de mouton, ou de la chair de poisson, que l'on hache très fin. Le riz bien pur nourrit l'homme ; le hachis grossièrement préparé lui nuit. Pou Ien, ces mots signifient que Confucius trouvait ces aliments très bons, mais non qu'il voulût absolument les avoir tels. Il ne mangeait rien de ce qui pouvait nuire à la santé. Il pensait que la viande devait être coupée d'une manière régulière. Quand elle ne l'était pas, il ne la mangeait pas ; il haïssait le manque de régularité.

Lors même que les viandes abondaient, il ne prenait pas plus de viande que de nourriture végétale. La quantité de boisson fermentée dont il usait n'était pas déterminée ; mais elle n'allait jamais jusqu'à l'enivrer. Il ne voulait pas de liqueur fermentée ni de viande séchée qui eussent été achetées [13]. Il avait toujours du gingembre sur sa table. Il ne mangeait pas avec excès.

Les grains doivent faire la partie principale de la nourriture. Pour cette raison, Confucius ne mangeait pas plus de viande que d'autres aliments. Les liqueurs fermentées servent à exciter la joie dans les réunions. Confucius ne se prescrivait pas de règle fixe, seulement il évitait l'ivresse, et n'allait pas jusqu'à avoir la raison troublée. Le gingembre éclaircit l'intelligence, et dissipe toutes les impuretés. Confucius en avait toujours sur sa table.

Il ne gardait pas même une nuit la viande offerte lors d'un sacrifice de cour. Il ne gardait pas plus de trois jours la viande offerte lors d'un sacrifice ordinaire. Au-delà de trois jours, il ne l'aurait pas mangée.

Lorsqu'il avait aidé à faire des offrandes aux morts dans le palais du prince de Lou, il recevait sa part des viandes. De retour à la maison, il les distribuait aussitôt, sans attendre au lendemain, par respect pour les faveurs des mânes, et par honneur pour les dons du prince. Quand il avait fait une offrande dans sa maison, bien qu'il lui fût permis d'attendre un peu, quand il n'avait pu distribuer la viande le jour même, il ne la conservait pas plus de trois jours. Car elle aurait été gâtée, et les hommes ne l'auraient pas mangée. C'eût été traiter sans respect les restes du repas des mânes.

En prenant ses repas, il ne discutait pas. La nuit, quand il était couché, il ne parlait pas.

Cet homme saint, aux heures des repas, s'occupait de manger ; aux heures du repos, il se reposait. Ce n'était pas alors pour lui le temps de discourir ni de converser. Il ne s'occupait alors que d'une seule chose.

Même quand il n'avait sur sa table qu'une nourriture grossière et du bouillon aux herbes, il ne manquait pas de faire une offrande aux ancêtres, et il l'offrait toujours avec respect.

X.9. Il ne s'asseyait pas sur une natte posée de travers.

X.10. Quand il avait pris part à une réunion où les habitants de son village avaient bu ensemble, il quittait la salle après les vieillards s'appuyant sur une canne [14]. Quand les habitants de son village faisaient des supplications pour écarter les maladies pestilentielles, il se tenait en habits de cour au pied des degrés, au côté oriental de la salle.

X.11. Quand il envoyait saluer un ami dans une principauté étrangère, il s'inclinait deux fois [15], puis il conduisait l'envoyé jusqu'à la porte. Ki K'ang tzeu [16] lui ayant envoyé un remède en présent, le Maître s'inclina, reçut le présent, et dit : « Je ne connais pas ce remède [17] ; je n'oserai pas le prendre. »

X.12. Son écurie ayant été incendiée, Confucius, à son retour du palais, dit : « Personne n'a-t-il été atteint par le feu ? » Il ne s'informa pas des chevaux.

X.13. Quand le prince lui envoyait un mets tout préparé, il le goûtait sur une natte convenablement disposée [18]. Quand le prince lui envoyait de la viande crue, il la faisait cuire, et l'offrait aux défunts. Quand le prince lui donnait un animal vivant, il le nourrissait. Lorsqu'il mangeait au palais à côté du prince, au moment où celui-ci offrait des mets aux défunts, Confucius goûtait les mets [19]. Quand il était malade et que le prince annonçait sa visite, il plaçait la tête vers l'orient, il mettait sur lui ses habits de cour et étendait la ceinture officielle par-dessus. Lorsque le prince l'appelait au palais, il s'y rendait à pied, sans attendre que son char fût attelé.

X.14. À la mort d'un ami, s'il n'y avait aucun parent pour prendre soin des funérailles, il disait : « Je me charge des obsèques. » Quand il recevait des présents de ses amis, fût-ce des chars avec des chevaux, il ne se prosternait pas, à moins que ce ne fût de la viande offerte aux défunts.

X.15. Couché pour prendre son repos, il ne s'étendait pas dans la position d'un cadavre. À la maison, son maintien n'avait rien de trop grave. Lorsqu'il voyait un homme en deuil, fût-ce un ami intime, il prenait un air de compassion. Lorsqu'il voyait un homme en bonnet de cérémonie ou un aveugle, même en particulier, il ne manquait pas de lui donner une marque de respect. Lorsqu'il était en char, s'il voyait un homme en grand deuil, il s'inclinait jusqu'à la barre d'appui. S'il rencontrait un homme portant les tablettes du cens, il s'inclinait de la même manière. Quand on lui avait préparé un grand festin, il se levait et remerciait le maître de la maison. Quand le tonnerre grondait ou que le vent se déchaînait, il blêmissait.

X.16. Lorsqu'il montait en char, il tenait le corps droit, et prenait de la main le cordon [qui aide à monter]. En char, il ne regardait pas en arrière, ne parlait pas avec précipitation, ne montrait rien du doigt.

X.17. À sa vue, l'oiseau s'envole, tournoie, puis se repose. Confucius dit : « Que cette faisane, sur le pont, dans la montagne, sait s'envoler et se reposer à point nommé ! » Tzeu lou s'étant tourné vers elle pour la prendre, elle poussa trois cris, et s'envola [20].

Si un oiseau remarque si bien tous les indices, l'homme devrait-il aller et venir sans examen ni délibération ?

---

1. Vers les hôtes qui étaient à ses côtés.
2. Qui attendait à la porte, où il avait lui-même reconduit l'hôte.
3. Le prince peut rentrer dans ses appartements.
4. Entre la porte et la cloison intérieure, bien que ce siège fût inoccupé, Confucius éprouvait un sentiment de respect si profond que...
5. Lorsque Confucius se présentait comme envoyé dans une cour étrangère.
6. Parce que c'était le collet des jours d'abstinence.
7. Parce que c'était le collet porté la deuxième et la troisième année du deuil de trois ans.
8. Parce qu'elles ne sont pas rangées au nombre des cinq couleurs simples ou élémentaires, et qu'elles se rapprochent des couleurs des vêtements des femmes.
9. Pour cacher parfaitement son corps.
10. Afin que la main droite fût plus libre pour le travail.

11. Parce que c'était le costume qu'on revêtait pour faire des offrandes.
12. Pour se purifier avant de faire une offrande.
13. De peur qu'elles ne fussent pas propres.
14. Par respect pour leur âge.
15. Comme s'il avait salué son ami.
16. Grand préfet de la principauté de Lou.
17. Ni ses vertus ni son emploi.
18. Sans l'offrir aux défunts.
19. Par un sentiment de modestie, comme s'il n'avait pas été le convive du prince, mais seulement un chef de cuisine.
20. Les interprètes expliquent diversement ce passage. Quelques-uns disent : « Tzeu lou prit, fit cuire et servit cette faisane. Confucius respira trois fois l'odeur et se leva ; il n'en mangea pas. »

Chapitre XI

XI.1. Le Maître dit : « En ce qui concerne les rites et la musique, les Anciens passent pour des hommes peu civilisés, et les modernes, pour des hommes raffinés. Dans la pratique, j'imite les Anciens. »

Confucius appelle Anciens les hommes qui vivaient au temps des rois Wenn, Ou, Tch'eng et K'ang ; et modernes, ceux qui vivaient dans les derniers temps de la dynastie des Tcheou. Chez les Anciens, les rites et la musique étaient parfaits et pour le fond et pour la forme. Au temps de Confucius, ils étaient considérés comme trop simples, et les Anciens eux-mêmes passaient pour des hommes grossiers. Plus tard, les rites et la musique eurent plus d'apparence que de réalité. Néanmoins, au temps de

Confucius, ils étaient considérés comme parfaits pour le fond et pour la forme, et les modernes passaient pour des hommes raffinés.

XI.2. Le Maître dit : « De tous les disciples qui m'ont accompagné dans les principautés de Tch'enn et de Ts'ai, aucun ne fréquente plus mon école. Ien Houei, Min Tzeu k'ien, Jen Pe gniou et Tchoung koung étaient remarquables par leurs vertus ; Tsai Ngo et Tzeu koung, par leur habileté à parler ; Jen Iou et Ki Lou, par leur habileté à gouverner ; Tzeu iou et Tzeu hia, par leur habileté dans l'étude. »

Les uns étaient dans leurs foyers, les autres, dans les charges ; les uns vivaient encore, les autres étaient morts.

XI.3. Le Maître dit : « Houei ne me stimulait guère ; il était content de tout ce que je disais. »

Il n'avait jamais ni doute ni difficulté et n'interrogeait pas son maître. Comment l'aurait-il excité à discourir ?

XI.4. Le Maître dit : « Que Min Tzeu k'ien était remarquable par sa piété filiale ! Les étrangers n'en parlent pas autrement que son père, sa mère et ses frères. »

XI.5. Nan loung répétait souvent ces vers de l'ode La Tablette de jade blanc : « Le défaut d'une tablette de jade blanc peut toujours être effacé, mais une parole malheureuse ne peut être rectifiée [1]. » Confucius lui donna en mariage la fille de son frère.

XI.6. Ki K'ang tzeu demanda à Confucius lequel de ses disciples s'appliquait de tout son cœur à l'étude. Le Maître répondit : « Ien Houei s'y appliquait de tout son pouvoir. Malheureusement il a peu vécu. À présent personne ne l'égale. »

XI.7. À la mort de Ien Iuen, Ien Lou [2] demanda le char de Confucius, pour en faire un cercueil extérieur. Le Maître répondit : « Aux yeux d'un père, un fils est toujours un fils, qu'il ait du talent ou non. Quand mon fils Li est mort, il a eu un cercueil, mais pas de cercueil extérieur [pour contenir et protéger le premier]. Je ne suis pas allé à pied, pour lui en procurer un. Comme je viens immédiatement après les grands préfets, il ne convient pas que j'aille à pied. »

Li, nommé aussi Pe iu, était le fils de Confucius. Il mourut avant son père. Confucius dit que Li, bien qu'inférieur à Ien Iuen en talents, était cependant son fils, comme Ien Iuen était le fils de Ien Lou. À cette époque, Confucius n'exerçait plus aucune charge ; mais il avait encore rang parmi les grands préfets. Par modestie, il dit qu'il vient après eux.

XI.8. Ien Iuen étant mort, le Maître dit : « Hélas ! le Ciel m'a ôté la vie ! le Ciel m'a anéanti ! »

XI.9. Le Maître pleura amèrement la mort de Ien Iuen. Ses disciples lui dirent : « Maître, votre douleur est excessive. » Il répondit : « Ma douleur est-elle excessive ? S'il y a lieu d'éprouver jamais une grande affliction, n'est-ce pas après la perte d'un tel homme ? »

XI.10. À la mort de Ien Iuen, les disciples de Confucius voulurent faire de grandes funérailles. Le Maître dit : « Cela ne convient pas. » Les disciples l'enterrèrent néanmoins en grande pompe. Le Maître dit : « Houei [3] me considérait comme son père ; moi je n'ai pu le traiter comme mon fils [c'est-à-dire l'enterrer pauvrement comme mon fils Li]. Ce n'est pas moi qui en suis la cause, mais vous, mes disciples. »

XI.11. Tzeu lou interrogea Confucius sur la manière d'honorer les esprits. Le Maître répondit : « Celui qui ne sait pas remplir ses devoirs envers les hommes, comment saura-t-il honorer les esprits ? » Tzeu lou reprit : « Permettez-moi de vous interroger sur la mort. » Le Maître répondit : « Celui qui ne sait pas ce qu'est la vie, comment saura-t-il ce qu'est la mort ? »

Maître Tch'eng dit : « Celui qui sait ce qu'est la vie, sait ce qu'est la mort. Celui qui remplit parfaitement ses devoirs envers autrui, remplit parfaitement ses devoirs envers les esprits. »

XI.12. Un jour Min tzeu se tenait auprès de Confucius avec un air ferme et digne, Tzeu lou, avec l'air d'un homme brave et audacieux, Jen Iou et Tzeu koung, avec un air affable. Le Maître était content. « Un homme comme Iou dit-il, ne peut mourir de mort naturelle [4]. »

XI.13. Les ministres de la principauté de Lou voulaient reconstruire à neuf le magasin appelé Tch'ang fou. Min Tzeu k'ien dit : « Si l'on réparait l'ancien bâtiment, ne serait-ce pas bien ? Est-il nécessaire d'élever une nouvelle construction ? » Le Maître dit : « Cet homme ne parle pas à la légère ; quand il parle, il parle juste. »

XI.14. Le Maître dit : « Pourquoi la cithare de Iou [5] est-elle chez moi ? » Les disciples de Confucius, ayant entendu ces paroles, conçurent du mépris pour Tzeu lou. Le Maître leur dit : « Iou est déjà monté à la salle ; mais il n'a pas encore pénétré dans la chambre. »

Tzeu lou était d'un caractère raide et impétueux. Les sons de sa cithare imitaient les cris que poussent les habitants des contrées septentrionales au milieu des combats et des massacres. Le Maître l'en reprit, en disant : « Dans mon école, le milieu juste et l'harmonie forment la base de l'enseignement. La cithare de Iou manque tout à fait d'harmonie. Pourquoi se fait-elle entendre chez moi ? » Les disciples de Confucius, ayant entendu ces paroles, ne témoignèrent plus aucune estime à Tzeu lou. Le Maître, pour les tirer d'erreur, leur dit : « Tzeu lou, dans l'étude, a déjà atteint une région pure, spacieuse, élevée, lumineuse ; seulement, il n'a pas encore pénétré profondément dans les endroits les plus retirés et les plus secrets. Parce qu'il lui manque encore une chose, on ne doit pas le mépriser. »

XI.15. Tzeu koung demanda lequel des deux était le plus sage, de Cheu ou de Chang. Le Maître répondit : « Cheu va au-delà des limites ; Chang reste en deçà. » Tzeu koung reprit : « D'après cela, Cheu l'emporte-t-il sur Chang ? » Le Maître répondit : « Dépasser les limites n'est pas un moindre défaut que de rester en deçà. »

XI.16. Ki était devenu plus riche que ne l'avait été Tcheou koung. Cependant, K'iou [6] levait pour lui des taxes, et augmentait encore son opulence. Le Maître dit : « Jen Iou n'est plus mon disciple. Mes amis, battez le tambour [7] et attaquez-le, vous ferez bien. »

XI.17. Confucius dit : « Tch'ai est stupide, Chenn peu perspicace, Cheu plus soucieux de paraître ; Iou est brutal. »

XI.18. Le Maître dit : « Houei avait presque atteint la plus haute perfection. Il était ordinairement dans l'indigence [8]. Seu n'accepte pas son sort ; il amasse des richesses ; mais il est judicieux. »

XI.19. Tzeu tchang interrogea Confucius sur la Voie de l'homme excellent. Le Maître répondit : « Il ne marche pas sur les traces des Anciens ; il n'entrera pas dans la chambre intérieure. »

XI.20. Le Maître dit : « Il est vrai qu'il parle avec sérieux. Mais est-il vraiment un homme honorable, ou n'en a-t-il que l'apparence ? »

XI.21. Tzeu lou dit à Confucius : « Dois-je mettre en pratique immédiatement ce que je viens d'apprendre ? » Le Maître répondit : « Tu as encore ton père et des frères plus âgés que toi [9]. Conviendrait-il de mettre aussitôt à exécution tout ce que tu apprends d'utile ? » Jen Iou demanda aussi s'il devait mettre en pratique sans retard tout ce qu'il apprenait. Le Maître répondit : « Fais-le tout de suite. »

Koung si Houa dit : « Iou a demandé s'il devait mettre aussitôt à exécution tout ce qu'il apprenait d'utile à faire. Vous lui avez répondu qu'il avait encore son père et des frères plus âgés que lui. K'iou a adressé la même question dans les mêmes termes. Vous avez répondu qu'il devait mettre en pratique sur-le-champ tout ce qu'il apprenait. Quant à moi, je suis perplexe ; j'ose vous prier de me l'expliquer. » Confucius dit : « K'iou n'ose pas avancer ; je l'ai poussé. Iou a autant d'ardeur et de hardiesse que deux ; je l'ai freiné. »

XI.22. Le Maître avait couru un grand danger dans le bourg de K'ouang. Ien Iuen était resté en arrière. Confucius lui dit : « Je te croyais mort. » Ien Iuen répondit : « Vous, vivant, comment me serais-je permis de m'exposer à la mort ? »

XI.23. Ki Tzeu jen demanda à Confucius si Tzeu lou et Jen Iou avaient les talents nécessaires pour être de grands ministres. Le Maître répondit : « Je pensais que vous alliez me parler d'hommes extraordinaires, et vous me parlez de Iou et de K'iou. Un grand ministre est celui qui sert son prince selon la Voie juste, et qui se retire dès qu'il ne peut plus le faire. Iou et K'iou feraient des ministres ordinaires. » Ki Tzeu jen ajouta : « Seraient-ils obéissants ? » Confucius répondit : « Leur obéissance n'irait pas jusqu'à tremper dans un parricide ou un régicide. »

Ki Tzeu jen était fils de Ki P'ing tzeu et frère puîné de Ki Houan tzeu. Il croyait que sa famille avait beaucoup gagné en attirant à son service Tzeu fou et Jen fou. Ki Houan tzeu était le chef de la famille Ki. (Voir chap. III, 1, 2 et 6.)

XI.24. Tzeu lou avait nommé Tzeu kao gouverneur de la ville de Pi. Le Maître dit : « C'est faire grand tort à ce jeune homme et à son père [10]. » Tzeu lou répondit : « Il est chargé de diriger le peuple et les officiers, d'honorer les esprits qui président à la terre et aux moissons. Pour qu'il soit censé être instruit, est-il nécessaire qu'il étudie les livres ? » Le Maître répliqua : « Je hais les beaux parleurs. »

XI.25. Le Maître dit à Tzeu lou, à Tseng Si, à Jen Iou et Koung si Houa, qui étaient assis à ses côtés : « Parlez-moi : franchement, sans considérer que je suis un peu plus âgé que vous. Laissés dans la vie privée, vous vous dites : "Les hommes ne reconnaissent pas mes mérites". Si les hommes les reconnaissaient, que feriez-vous ? » Tseu lou se hâta de répondre :

« Supposons qu'une principauté, possédant mille chariots de guerre, soit tenue en servitude entre deux principautés voisines très puissantes, que, de plus, elle soit envahie par une armée nombreuse ; qu'ensuite les grains et les légumes viennent à lui manquer ; si j'étais chargé de la gouverner, en trois ans, je pourrais inspirer du courage au peuple ; et leur faire connaître l'orientation à prendre. » Le Maître sourit.

« Et toi, K'iou, dit-il, que ferais-tu ? » Jen Iou répondit : « Si j'avais à gouverner un petit pays de soixante à soixante-dix stades, ou de cinquante à soixante, en trois ans, je pourrais mettre le peuple dans l'aisance. Pour ce qui concerne les rites et la musique, j'attendrais la venue d'un homme honorable. »

Confucius dit : « Toi, Tch'eu, que ferais-tu ? » Koung si Houa répondit : « Je ne dis pas que j'en sois capable, mais je désirerais l'apprendre. Je désirerais, portant la tunique noirâtre et le bonnet noir, remplir l'office de petit aide dans les cérémonies en l'honneur des ancêtres, et, dans les réunions des vassaux. »

Confucius dit : « Toi, Tien, que ferais-tu ? » Tseng Si cesse de jouer de la cithare dont les cordes vibrent encore. Il la dépose, se lève, et répond : « Je ne partage pas les aspirations des trois autres disciples. » Le Maître dit : « Quel mal y a-t-il ? Chacun peut exprimer ses intentions. » Tseng Si reprit : « À la fin du printemps, quand les vêtements de la saison sont achevés, aller avec cinq ou six jeunes gens en âge de porter le bonnet viril, avec six ou sept jeunes garçons, me baigner dans la rivière I, respirer l'air frais sur la terrasse des Danses pour la Pluie, puis revenir en chantant des vers, voilà ce que j'aimerais. » Le Maître dit en soupirant : « J'approuve le sentiment de Tien. » Quand les trois autres disciples se furent retirés, Tseng Si, resté seul, dit : « Que faut-il penser de ce qu'ont dit ces trois disciples ? » Le Maître répondit : « Chacun d'eux a exprimé son intention, et voilà tout. » Tseng Si dit : « Pourquoi le Maître a-t-il souri, après avoir entendu Iou ? » Le Maître répondit : « On gouverne un État selon les bienséances. Le langage de Iou n'a pas été modeste. Voilà pourquoi j'ai souri. » Tseng Si dit, : « K'iou n'a-t-il pas aussi parlé du gouvernement d'un État »[11] ? » Confucius répondit : « Existe-t-il un territoire de soixante à soixante-dix stades, ou de cinquante à soixante stades qui ne soit pas un État [12] ? » Tseng Si dit : « Tch'eu n'a-t-il pas aussi parlé du gouvernement d'un État ? » Confucius répondit : « Les offrandes aux ancêtres, les réunions des vassaux, qui concernent-elles, si ce n'est les princes [13] ? Si Tch'eu n'est qu'un petit assistant, qui pourra être grand assistant ? »

---

1. Cf. Livre des Odes, n°256.
2. Son père, qui était pauvre.
3. Ien Iuen.
4. Tzeu lou périt en combattant sous les murs de Ts'i tch'eng. On y voit encore sa tombe.
5. Tzeu lou.
6. Jen Iou.
7. Dénoncez hautement sa conduite.
8. Sans en éprouver aucune peine.
9. Tu dois les consulter avant de rien faire.
10. Tzeu kao avait beaucoup de talent, mais il n'avait pas encore étudié.
11. Pourquoi sa réponse ne vous a-t-elle pas fait sourire ?
12. Sans doute, K'iou a parlé d'un Etat, mais pas avec la même suffisance que Tzeu lou.
13. Tch'eu a donc parlé du gouvernement d'un État, mais il l'a fait avec modestie ; car...

Chapitre XII

XII.1. Ien Iuen ayant interrogé Confucius sur la vertu d'humanité, le Maître répondit : « Se maîtriser soi-même, et revenir aux rites de la courtoisie, c'est cela le sens d'humanité. Si un jour on parvenait à se maîtriser soi-même, et à rétablir les rites, aussitôt le monde entier recouvrerait cette vertu d'humanité. Agir en ce sens, ne dépend-il pas de nous-mêmes et non des autres ? » Ien Iuen dit : « Permettez-moi de vous demander quelle est la méthode à suivre. » Le Maître répondit : « Ne rien regarder, ne rien écouter qui soit contraire aux rites de la courtoisie ; ne rien dire, ne rien faire qui soit contraire aux rites de la courtoisie. » Ien Iuen dit : « Malgré mon manque d'intelligence, permettez-moi de me mettre au service de ces préceptes. »

XII.2. Tchoung koung interrogea Confucius sur le sens d'humanité. Le Maître répondit : « En sortant de la maison, sois attentif, comme si tu voyais un hôte distingué ; en commandant au peuple, sois aussi diligent que si tu célébrais un sacrifice solennel ; ne fais pas à autrui ce que tu ne voudrais pas qu'on te fasse à toi-même. Dans la principauté, personne ne sera mécontent de toi ; dans la famille, personne ne se plaindra de toi. » Tchoung koung dit : « Malgré mon manque d'intelligence, permettez-moi de me mettre au service de ces préceptes. »

XII.3. Seu ma Gniou ayant interrogé Confucius sur la vertu d'humanité, le Maître répondit : « Il est ardu d'en parler. » Seu ma Gniou dit : « Est-ce donc si difficile de parler de la vertu d'humanité ? » Le Maître répondit : « S'il est difficile de la mettre en pratique, comment ne le serait-il pas d'en parler ? »

XII.4. Seu ma Gniou demanda à Confucius ce que c'était qu'un homme honorable. Le Maître répondit : « L'homme honorable est exempt d'inquiétude et de crainte. » Seu ma Gniou dit : « Pour être honorable, suffit-il d'être exempt d'inquiétude et de crainte ? » Le Maître répondit : « Celui qui, examinant son for intérieur, ne reconnaît en lui aucune souffrance, quelle inquiétude, quelle crainte aurait-il ? »

XII.5. Seu ma Gniou dit avec chagrin : « Les autres hommes ont tous des frères ; je suis le seul qui n'en aie plus. » Tzeu hia répondit : « j'ai entendu dire que la vie et la mort dépendent du destin, que les richesses et les honneurs dépendent du Ciel. L'homme honorable veille sans cesse sur sa propre conduite ; il est respectueux et civilisé. Entre les quatre mers, tous les hommes sont ses frères. L'homme honorable a-t-il lieu de s'affliger de n'avoir plus de frères ? »

Seu ma Gniou était de la principauté de Soung. Voyant son second frère Hiang T'ouei exciter une révolte contre le prince de Soung, et ses autres frères Tzeu k'i et Tzeu kiu prendre part à ce crime, il éprouvait une grande affliction, et disait : « Les autres hommes ont tous des frères ; je suis le seul qui n'en aie plus. »

XII.6. Tzeu tchang demanda en quoi consiste la lucidité. Le Maître répondit : « Ne pas se laisser imprégner par les calomnies, ni se laisser meurtrir par les accusations ; cela peut s'appeler lucidité. Ne pas se laisser imprégner par les calomnies, ni se laisser meurtrir par les accusations, c'est la lucidité d'un homme qui voit loin. »

XII.7. Tzeu koung interrogea Confucius sur l'art de gouverner. Le Maître répondit : « Celui qui gouverne doit avoir soin que les vivres ne manquent pas, que les forces militaires soient suffisantes, que le peuple lui donne sa confiance. » Tzeu koung dit : « S'il était absolument nécessaire de négliger une de ces trois choses, laquelle conviendrait-il de négliger ? – Les forces militaires », répondit Confucius. « Et s'il était absolument nécessaire d'en négliger encore une seconde, dit Tzeu koung, quelle serait-elle ? – Les vivres, répondit Confucius, car de tout temps les hommes ont été sujets à la mort, mais si le peuple n'a pas confiance en ceux qui le gouvernent, c'en est fait de lui. »

XII.8. Ki Tzeu tch'eng [1] dit : « L'homme honorable l'est par nature. Qu'a-t-il à faire de la culture ? » Tzeu koung répondit : « C'est bien dommage ! Vous parlez ordinairement, Seigneur, en homme honorable. Un quadrige ne saurait aller aussi vite que votre langue [2]. Culture et nature sont indissociables l'une de l'autre. Une peau de tigre ou de léopard ne se distingue pas d'une peau de chien ou de brebis, quand le poil est raclé [3]. »

XII.9. Ngai, prince de Lou, dit à Iou Jo : « Cette année les récoltes ont manqué ; et je n'ai pas assez pour faire face aux besoins ; que faut-il faire ? » Iou Jo répondit : « Pourquoi ne percevez-vous pas la dixième partie des produits de la terre ? » Le prince dit : « Les deux dixièmes ne me suffisent pas. Comment puis-je n'exiger qu'un dixième ? » Iou Jo répliqua : « Si le peuple ne manque de rien, comment le prince serait-il le seul dans le besoin ? Si le peuple est dans le besoin, comment le prince serait-il le seul à ne manquer de rien ? »

XII.10. Tzeu tchang demanda à Confucius ce qu'il fallait faire pour magnifier la Vertu et pour reconnaître l'égarement. Le Maître répondit : « Magnifier la Vertu, c'est s'appliquer principalement à garder la fidélité et la sincérité, et observer la justice. On souhaite la vie à ceux que l'on aime et la mort à ceux que l'on hait. Mais souhaiter tour à tour la vie et la mort, c'est de l'égarement. »

XII.11. King, prince de Ts'i, interrogea Confucius sur l'art de gouverner. Confucius répondit :

« Que le prince soit prince ; le sujet, sujet ; le père, père ; le fils, fils. – Très bien, dit le prince. En effet, si le prince n'est point prince, le sujet point sujet, le père point père, le fils point fils, quand bien même il y aurait du grain, pourrais-je en manger ? »

XII.12. Le Maître dit : « Iou [4] est homme à trancher un procès d'un seul mot. » Tzeu lou ne s'endormait pas sur ses promesses.

Tzeu lou était loyal, sincère, lucide, résolu. Dès qu'il disait un mot, on se soumettait à sa décision avec confiance.

XII.13. Le Maître dit : « Instruire un procès, je le puis, tout comme un autre. L'important serait de faire qu'il n'y eût plus de procès. »

XII.14. Tzeu tchang interrogea Confucius sur l'art de gouverner. Le Maître répondit : « Il faut appliquer son esprit aux affaires sans relâche, et les traiter avec loyauté. »

XII.15. Le Maître dit : « L'homme honorable développe ce qui est beau chez autrui et non ce qui est laid. L'homme de peu tient une conduite tout opposée. »

XII.16. Ki K'ang tzeu interrogea Confucius sur l'art de gouverner. Confucius répondit : « Gouverner, c'est maintenir dans la voie droite.

Si vous-même, Seigneur, maintenez droit, qui osera dévier ? »

XII.17. Ki K'ang tzeu était dans l'embarras à cause des voleurs ; il consulta Confucius. Le Maître lui répondit : « Seigneur, si vous n'étiez pas cupide, vous les récompenseriez qu'ils ne voleraient pas. »

XII.18. Ki K'ang tzeu, interrogeant Confucius sur la manière de gouverner, lui dit : « Ne ferais-je pas bien de mettre à mort ceux qui contreviennent à la Voie, pour faire place à ceux qui la suivent ? » Confucius répondit : « Pour gouverner le peuple, Seigneur, avez-vous besoin de tuer ? Vous-même tendez vers le bien, et le peuple sera bon. La Vertu du prince est comme le vent ; celle du peuple est comme l'herbe. Au souffle du vent, l'herbe se courbe toujours. »

XII.19. Tzeu tchang demanda à Confucius ce que devait faire le gentilhomme pour mériter d'être appelé illustre. Le Maître dit : « Qu'appelles-tu homme illustre ? » Tzeu tchang répondit : « Celui qui a du renom dans son pays et dans son clan. » Le Maître reprit : « Celui-là a du renom, il n'a pas une gloire véritable. Un homme illustre est droit par nature et épris de justice. Il fait attention aux paroles qu'il entend, et il observe l'air du visage. Il a soin de se mettre au-dessous des autres. Il est illustre dans son pays et dans son clan. Un homme qui a seulement du renom revêt une apparence de vertu, que ses actions démentent. Il se flatte d'être vertueux et s'en tient assuré. Il a du renom dans son pays et dans son clan [5]. »

XII.20. Fan Tch'eu, accompagnant Confucius dans une promenade au pied de la terrasse des Danses pour la Pluie lui dit : « Permettez-moi de vous demander comment on peut magnifier la Vertu, corriger ses défauts, reconnaître ses erreurs. » Le Maître répondit : « Quelle excellente question ! Servir d'abord, avant d'en espérer les fruits, n'est-ce pas magnifier la Vertu ? Lutter contre ses propres défauts, et non sur ceux d'autrui, n'est-ce pas le moyen de se corriger ? Dans un moment de colère, mettre en danger sa vie et celle de ses parents, n'est-ce pas de l'égarement ? »

XII.21. Fan Tch'eu demanda en quoi consiste la vertu d'humanité. « Elle consiste à aimer les hommes », répondit le Maître. Fan Tch'eu demanda en quoi consiste la connaissance. « Elle consiste à connaître les hommes », répondit Confucius. Fan Tch'eu ne comprenant pas, le Maître dit : « En élevant aux charges les hommes droits, et en écartant les méchants, on peut déterminer les méchants à se corriger. »

Fan Tch'eu, s'étant retiré, alla trouver Tzeu hia, et lui dit : « Tout à l'heure, j'ai été voir le Maître, et lui ai demandé en quoi consiste la connaissance. Il m'a répondu : "En élevant aux charges les hommes droits et en écartant les méchants, on peut déterminer les méchants à se corriger." Que signifient ces paroles ? » Tzeu hia dit : « Ces paroles sont pleines de sens : Quand Chouenn régnait sur le monde, il choisit Kao iao d'entre la multitude et le promut au rang de ministre ; les méchants s'en allèrent bien loin. Quand Tang régnait sur le monde, il choisit I in d'entre la multitude et le promut au rang de ministre, tous les méchants disparurent. »

XII.22. Tseu koung ayant interrogé Confucius sur l'amitié, le Maître dit : « Avertis tes amis avec franchise, et conseille les avec douceur. S'ils n'approuvent pas tes avis, arrête, plutôt que de risquer un affront. »

XII.23. Tseng tzeu dit : « L'homme honorable rassemble autour de lui des amis grâce à sa culture, et les amis le renforcent dans la vertu d'humanité. »

---

1. Grand préfet de la principauté de Wei.
2. Et faire rentrer une parole qui a été dite sans avoir été assez pesée.

Confucius

3. Enlevez ce qui fait l'ornement extérieur de la personne ; l'homme honorable ne se distinguera plus de l'homme de peu.
4. Tzeu lou.
5. La renommée et la gloire semblent être la même chose, et ne le sont pas. Elles diffèrent entre elles comme le vrai du faux.

Chapitre XIII

XIII.1. Tzeu lou interrogea Confucius sur l'art de gouverner. Le Maître répondit : « Donner l'exemple du labeur. » Tzeu lou pria le Maître de lui en dire davantage. Confucius répondit : « Sans relâche. »

XIII.2. Tchoung koung était grand intendant du chef de la famille Ki. Il interrogea Confucius sur l'art d'administrer. Le Maître dit : « Mets en avant les subalternes ; pardonne les erreurs légères ; mets en charge des hommes sages et habiles. » Tchoung koung dit : « Comment connaîtrai-je les hommes sages et habiles, afin de leur confier les charges ? » Confucius répondit : « Promeus ceux que tu connais. Quant à ceux que tu ne connais pas, est-ce que d'autres ne te les feront pas connaître ? »

XIII.3. Tzeu lou dit : « Si le prince de Wei vous attendait pour régler avec vous les affaires publiques, à quoi donneriez-vous votre premier soin ? – À rendre à chaque chose son vrai nom », répondit le Maître. « Vraiment ? répliqua Tzeu lou. Maître, vous vous égarez loin du but. À quoi bon cette rectification des noms ? » Le Maître répondit : « Que tu es rustre ! Un homme honorable se garde de se prononcer sur ce qu'il ignore.

Si les noms ne sont pas ajustés, le langage n'est pas adéquat. Si le langage n'est pas adéquat, les choses ne peuvent être menées à bien. Si les choses ne peuvent être menées à bien, les bienséances et l'harmonie ne s'épanouissent guère. Les bienséances et l'harmonie ne s'épanouissant guère, les supplices et les autres châtiments ne sont pas justes. Les supplices et les autres châtiments n'étant plus justes, le peuple ne sait plus sur quel pied danser. Tout ce que l'homme honorable conçoit, il peut l'énoncer, et l'énonçant il peut le faire. L'homme honorable ne laisse rien à la légère. »

K'ouai kouei, héritier présomptif de Ling, prince de Wei, honteux de la conduite déréglée et licencieuse de sa mère Nan tzeu, voulut la tuer. N'ayant pas réussi, il s'enfuit. Le prince Ling voulut nommer Ing son héritier. Ing refusa. À la mort du prince Ling, sa femme Nan tzeu nomma Ing héritier de la principauté. Ing refusa de nouveau. Elle donna la principauté à Tche, fils de K'ouai kouei, afin d'opposer le fils au père. Ainsi, K'ouai kouei, en voulant tuer sa mère, avait encouru la disgrâce de son père ; et Tche, en prenant l'autorité princière, faisait opposition à son père K'ouai kouei. Tous deux étaient comme des hommes qui n'auraient pas eu de père. Évidemment, ils étaient indignes de régner. Si Confucius avait été chargé du gouvernement, il aurait commencé par corriger les appellations (celui-là seul aurait porté le nom de père ou de fils qui en aurait rempli les devoirs). Il aurait fait connaître au chef de l'empire l'origine et tous les détails de cette affaire ; il l'aurait prié d'ordonner à tous les seigneurs de la contrée de reconnaître Ing pour héritier de la principauté. Dès lors, la loi des relations entre les hommes aurait été juste. Les principes célestes auraient été observés, les appellations correctes, le langage adéquat, et les affaires menées à bien.

XIII.4. Fan Tch'eu pria Confucius de lui enseigner l'agriculture. Le Maître répondit : « Un vieux laboureur te l'enseignerait mieux que moi. » Fan Tch'eu le pria de lui enseigner l'art de cultiver les jardins potagers. Confucius répondit : « Un vieux jardinier te l'enseignerait mieux que moi. » Comme Fan Tch'eu se retirait, le Maître lui dit : « Que Fan Siu a l'esprit petit ! Si le prince s'attache à l'urbanité et aux convenances, aucun de ses sujets n'osera les négliger. Si le prince s'attache à la justice, aucun de ses sujets n'osera lui refuser l'obéissance. Si le prince s'attache à la sincérité, aucun de ses sujets n'osera agir de mauvaise foi. Les choses étant ainsi, les habitants de toutes les contrées accourront à lui, avec leurs petits enfants sur leurs épaules. Quel besoin a-t-il d'apprendre l'agriculture ? »

XIII.5. Le Maître dit : « Supposons qu'un homme ait appris les trois cents odes [du Livre des Odes] ; qu'ensuite, s'il est chargé d'une partie de l'administration, il manque d'habileté ; s'il est envoyé en mission, il soit incapable de répondre par lui-même ; que lui sert toute sa littérature ? »

XIII.6. Le Maître dit : « Si le prince personnifie la rectitude, tout se fait sans qu'il commande ; si le prince ne l'incarne pas, il aura beau donner des ordres, il ne sera pas suivi. »

XIII.7. Le Maître dit : « Les deux principautés de Lou et de Wei sont sœurs par leur administration [comme par leur origine]. »

La principauté de Lou était gouvernée par les descendants de Tcheou koung, et celle de Wei par les descendants de K'ang chou. Les deux dynasties descendaient donc de deux frères. Au temps de Confucius, elles étaient en décadence, et les deux pays étaient également troublés.

XIII.8. Le Maître disait que Koung Tzeu king [grand préfet de la principauté] de Wei, était toujours content de l'état de sa maison ; que, quand il commença à posséder quelque chose, il disait : « J'ai amassé un peu », que, quand il eut des ressources suffisantes, il disait : « Je suis presque au comble de l'opulence », que, quand il fut devenu riche, il disait : « Je suis presque dans la splendeur. »

XIII.9. Le Maître alla dans la principauté de Wei avec Jen Iou, qui conduisait son char. Le Maître dit : « Que les habitants sont nombreux ! – Maintenant qu'ils sont nombreux, dit Jen Iou, que faut-il faire pour eux ? » Le Maître répondit : « Les rendre riches. » Jen Iou reprit : « Quand ils seront devenus riches, que faudra-t-il faire de plus pour eux ? – Les instruire », répondit Confucius.

XIII.10. Le Maître dit : « Si un prince m'employait, au bout d'un an, les choses prendraient tournure ; au bout de trois ans, elles seraient parfaites. »

XIII.11. Le Maître dit : « Si des princes vertueux se succédaient sur le trône durant cent ans, a dit un poète, ils vaincraient les scélérats, et élimineraient la peine de mort. Que ces paroles sont véritables ! »

XIII.12. Le Maître dit : « Même s'il se présentait un roi digne de ce nom, il faudrait attendre une génération pour voir fleurir la vertu d'humanité. »

XIII.13. Le Maître dit : « Si un homme sait se gouverner lui-même, quelle difficulté aura-t-il à gouverner l'État ? Mais celui qui ne sait pas se gouverner lui-même, comment pourra-t-il gouverner les autres ? »

XIII.14. Jen Iou revenant du palais, le Maître lui dit : « Pourquoi reviens-tu si tard ? » Jen Iou répondit : « Les affaires publiques m'ont retenu. » Le Maître répliqua : « Tu as été retenu par les affaires particulières de ce Ki suenn [1]. S'il y avait eu des affaires publiques, quoique je ne sois plus en charge, j'aurais été appelé à la délibération. »

XIII.15. Ting, prince de Lou, demanda à Confucius s'il existait un adage qui puisse faire prospérer un pays. Confucius répondit : « Un adage ne peut avoir une telle portée. Il est un dicton : "Il est malaisé d'être souverain, il n'est pas facile d'être ministre." Si le prince comprenait bien la difficulté de régner, ne serait-il pas sur le point de faire prospérer le pays par ce seul adage ? »

Le prince Ting dit : « Existe-t-il un adage susceptible d'entraîner la ruine du pays ? » Confucius répondit : « Un adage ne peut avoir une telle portée. Il est un dicton : "Je ne trouve pas d'agrément dans l'exercice du pouvoir ; si ce n'est que, quand je parle, personne ne me contredit." Si le prince parle bien, et que personne ne le contredise, ne sera-ce pas bien ? Mais s'il parle mal, et que personne ne le contredise, n'est-il pas sur le point, par ce seul adage, de mener le pays à sa perte ? »

XIII.16. Le prince de Che interrogea Confucius sur l'art de gouverner. Le Maître répondit : « Si les proches sont contents, ceux qui sont loin viennent d'eux-mêmes. »

XIII.17. Tzeu hia, étant préfet de Kiu fou, interrogea Confucius sur l'art de gouverner. Le Maître dit : « Ne te hâte pas trop ; ne recherche pas les petits avantages. Qui se hâte n'atteint pas loin ; qui poursuit de petits avantages néglige les grandes choses. »

XIII.18. Le prince de Che dit à Confucius : « Dans mon pays il y a un exemple de droiture : le père ayant volé une brebis, son fils rendit témoignage contre lui. » Confucius répondit : « Dans mon pays, les hommes droits agissent autrement. Le père protège son fils, et le fils son père. Telle est la droiture dans mon pays. »

XIII.19. Fan Tch'eu interrogea Confucius sur le sens d'humanité. Le Maître répondit : « À la maison, demeure courtois ; dans le maniement des affaires, sois diligent ; dans les relations avec autrui, sois loyal. Fusses-tu au milieu des barbares de l'Est et du Nord, tu ne saurais y déroger. »

XIII.20. Tzeu koung demanda ce qu'il fallait faire pour mériter d'être appelé gentilhomme. Le Maître répondit : « Celui-là mérite d'être appelé gentilhomme qui dans sa conduite privée a le sens de l'honneur et, dans les missions qui lui sont confiées en pays étrangers, ne déshonore pas le prince qui l'a envoyé. »

Tzeu koung dit : « Permettez-moi de vous demander quel est celui qui vient immédiatement après le gentilhomme. – C'est, répondit Confucius, celui dont la piété filiale est attestée par tous les membres de la famille, et dont le respect pour les aînés est loué par tous les habitants du bourg et tous les voisins. » Tzeu koung dit : « Permettez-moi de vous demander quel est celui qui vient au troisième rang. » Confucius répondit : « Un homme fidèle à sa parole, et qui mène à bien ses actions. Même s'il fait montre de l'opiniâtreté propre aux gens de peu, il peut, cependant, être placé au troisième rang. »

Tzeu koung dit : « Que faut-il penser de ceux qui administrent à présent les affaires publiques ? » Le Maître répondit : « Hélas ! Du menu fretin qui ne mérite même pas d'être compté ! »

XIII.21. Le Maître dit : « Comme je ne trouve pas de disciples capables de se tenir constamment dans le milieu juste, je cherche des hommes qui sont impétueux, ou des hommes qui ont l'amour du devoir. Les premiers sont entreprenants. Les seconds s'abstiennent de [mal] faire. »

XIII.22. Le Maître dit : « Les habitants du Midi disent qu'un homme inconstant ne peut pas même devenir habile chaman ou bon médecin. Cet adage est très vrai. [On lit dans le Livre des Mutations] : "Celui qui ne persévère pas durablement dans la Vertu subira la honte." » Le Maître dit : « On ne réfléchit pas sur ces paroles, et de là vient tout le mal. »

XIII.23. Le Maître dit : « L'homme honorable cultive l'harmonie et non le conformisme. L'homme de peu cultive le conformisme et non l'harmonie. »

XIII.24. Tzeu koung demanda ce qu'il fallait penser d'un homme qui est aimé de tous les habitants de son pays. Le Maître répondit : « Cela ne prouve rien encore. » Tzeu koung reprit : « Que faut-il penser d'un homme en butte à la haine de tous les habitants de son pays ? » Le Maître répondit : « Cela ne prouve rien encore. Il vaudrait mieux qu'il soit aimé dans son pays de tous les hommes bons, et haï de tous les hommes mauvais. »

XIII.25. Le Maître dit : « Il est aisé de servir l'homme honorable, mais difficile de lui plaire. Si l'on cherche à gagner ses bonnes grâces par une voie peu louable, on n'y réussira pas. Pour ce qui est du service qu'il demande, il considère les aptitudes. Il est difficile de servir l'homme de peu, et facile de lui plaire. Si l'on cherche à lui plaire même par des voies peu louables, on lui plaira. Mais, dans ceux qui sont à son service, il exige la perfection. »

XIII.26. Le Maître dit : « L'homme honorable en impose, sans orgueil. L'homme de peu est orgueilleux, mais n'en impose pas. »

XIII.27. Le Maître dit : « Fermeté, résolution, simplicité, réserve, touchent à la vertu d'humanité. »

XIII.28. Tzeu lou pria Confucius de lui dire ce que doit être un gentilhomme. Le Maître répondit : « Celui qui est exigeant, affable et prévenant mérite le nom de gentilhomme. Il est exigeant et affable envers ses amis ; il est prévenant envers ses frères. »

XIII.29. Le Maître dit : « Si un homme honorable instruisait le peuple pendant sept ans, on pourrait ensuite en tirer des soldats pour la guerre. »

XIII.30. Confucius dit : « Conduire le peuple à la guerre, avant de l'avoir instruit, c'est le mener à sa perte. »

---

1. Qui, simple grand préfet, gouverne en maître la principauté de Lou.

Chapitre XIV

XIV.1. Iuen Seu pria Confucius de lui dire de quoi l'on devait avoir honte. Le Maître répondit : « On peut accepter un salaire dans un pays qui suit la Voie ; mais on doit en avoir honte dans un pays qui s'en écarte. »

XIV.2. Iuen Seu dit : « Celui qui ne marche pas dans la rivalité, la vantardise, la rancune et la convoitise, doit-il être considéré comme pleinement humain ? » Le Maître répondit : « Il pratique le plus difficile. Est-ce là être pleinement humain ? Je ne sais. »

XIV.3. Le Maître dit : « Un gentilhomme qui ne recherche que son bien-être n'est pas digne de ce nom. »

XIV.4. Le Maître dit : « Dans un pays qui suit la Voie, parlez franchement et agissez ouvertement [1] ; s'il ne la suit pas, agissez ouvertement, mais modérez votre langage. »

XIV.5. Le Maître dit : « Qui possède la Vertu ne peut qu'avoir de l'éloquence ; qui possède l'éloquence n'est pas nécessairement doué de Vertu. Qui possède la plénitude humaine ne peut être que courageux ; mais qui est courageux n'est pas nécessairement pleinement humain. »

XIV.6. Nan Koung kouo dit à Confucius : « I était un archer très habile ; Ngao poussait à lui seul un navire sur la terre ferme. Tous deux [2] ont péri de mort violente. Iu et Heou Tsi ont cultivé la terre de leurs propres mains ; cependant [3], ils ont obtenu le monde. » Le Maître ne répondit pas ; mais, lorsque Nan Koung kouo se fut retiré, il dit de lui : « Voilà un homme honorable ; il met la Vertu au-dessus de tout. »

Chouenn légua l'empire à Iu. Les descendants de Heou Tsi l'obtinrent à leur tour en la personne de Ou Wang, prince de Tcheou.

XIV.7. Le Maître dit : « On trouve des hommes honorables qui sont dépourvus de vertu d'humanité ; on n'a jamais vu un homme de peu qui en fût pourvu. »

XIV.8. Le Maître dit : « Peut-on ne pas être exigeant envers ceux que l'on aime ? Peut-on ne pas conseiller celui envers lequel on est loyal ? »

XIV.9. Le Maître dit : « Quand il fallait écrire une lettre au nom du prince, Pi Chenn en composait le brouillon ; Cheu chou en examinait avec soin le contenu ; Tzeu iu, qui présidait à la réception des hôtes, corrigeait et polissait le style ; Tzeu tch'an de Toung li lui donnait une tournure élégante. »

Ces quatre hommes étaient grands préfets dans la principauté de Tcheng. Quand le prince de Tcheng avait des lettres à écrire, elles passaient toutes successivement par les mains de ces quatre sages, qui les méditaient et les examinaient avec le plus grand soin, chacun d'eux déployant son talent particulier. Aussi, dans les réponses envoyées aux princes, on trouvait rarement quelque chose à reprendre.

XIV.10. Quelqu'un ayant demandé à Confucius ce qu'il pensait de Tzeu tch'an, le Maître répondit : « C'est un homme bienfaisant. » Le même lui ayant demandé ce qu'il pensait de Tzeu si, il dit : « Oh ! celui-là ! celui-là ! » Le même lui ayant demandé ce qu'il pensait de Kouan tchoung, il répondit : « C'était un homme si vertueux que, le prince de Ts'i lui ayant donné la ville de P'ien qui comptait trois cents familles, le chef de la famille Pe, dépouillé de ce domaine et réduit à se contenter d'une nourriture grossière, n'eut jamais un mot d'indignation contre lui. »

Tzeu si, fils du prince de Tch'ou, s'appelait Chenn. Il refusa la dignité de prince de Tch'ou, la fit donner au prince Tchao, et réforma l'administration publique. Il fut un sage et habile grand préfet. Mais il ne sut pas faire supprimer le titre de roi, Wang, que le prince de Tch'ou s'était arrogé. Le prince Tchao voulut mettre en charge Confucius. Tzeu si l'en détourna et l'en empêcha.

XIV.11. Le Maître dit : « Il est plus difficile de se défendre de l'amertume dans la pauvreté que de l'orgueil dans l'opulence. »

XIV.12. Le Maître dit : « Meng koung Tch'o [4] excellerait dans la charge d'intendant de la maison de Tchao ou de Wei ; il ne serait pas capable de remplir la charge de grand préfet dans la principauté de Teng ou de Sie. »

XIV.13. Tzeu lou pria Confucius de lui dire ce qu'est un homme accompli. Le Maître répondit : « Celui qui aurait la prudence de Tsang Ou tchoung, l'intégrité de Koung tch'o, le courage de Tchouang tzeu, [préfet] de Pien, l'habileté de Jen

K'iou, et qui de plus cultiverait les rites et la musique, pourrait être regardé comme un homme accompli. » Confucius ajouta : « À présent, pour être un homme accompli, est-il nécessaire de réunir toutes ces qualités ? Celui qui, en présence d'un profit à retirer, se rappelle la justice ; qui, en face du danger, risque sa vie, qui, même après de longues années, n'oublie pas ses engagements ; celui-là peut aussi être considéré comme un homme accompli. »

XIV.14. Le Maître, parlant de Koung chou Wenn tseu [5] à Koung ming Kia [6], lui dit : « Est-il vrai que votre maître ne parle pas, ne rit pas et n'accepte rien ? » Koung ming Kia répondit : « Ceux qui lui ont fait cette réputation ont exagéré. Mon maître parle, quand il est temps de parler, et ses paroles ne fatiguent personne. Il rit quand il est temps de se réjouir, et son rire ne déplait à personne. Il accepte, quand la justice le permet, et personne n'y trouve à redire. » Le Maître reprit : « Est-ce vrai ? Cela peut-il être vrai ? »

XIV.15. Le Maître dit : « Tsang Ou tchoung, maître du pays de Fang, a demandé au prince de Lou de lui constituer un héritier et un successeur de sa propre famille. Il a beau dire qu'il n'a pas fait violence à son prince ; je n'ajoute pas foi à son affirmation. »

Tsang Ou tchoung, nommé Ho, était grand préfet dans la principauté de Lou Fang, domaine ou fief qui avait été constitué par le prince de Lou et donne à Ou tchoung. Ou tchoung, ayant offensé le prince de Lou, se réfugia dans la principauté de Tchou. Mais après, il revint de Tchou à Fang et députa au prince de Lou des envoyés pour lui présenter d'humbles excuses, le prier de lui constituer un successeur de sa propre famille et lui promettre de se retirer ensuite. En même temps, il laissait voir que, s'il n'obtenait pas sa demande, redevenu possesseur de son fief, il se mettrait en révolte. C'était faire violence à son prince.

XIV.16. Le Maître dit : « Wenn, prince de Tsin, était fourbe et manquait de droiture ; Houan, prince de Ts'i, était plein de droiture et sans duplicité. »

XIV.17. Tzeu lou dit : « Houan, prince de Ts'i, tua le prince Kiou [7]. Chao Hou ne voulut pas survivre au prince Kiou [8]. Kouan Tchoung ne se donna pas la mort. Il me semble que sa vertu d'humanité n'a pas été parfaite. » Le Maître répondit : « Le prince Houan rassembla neuf fois tous les princes feudataires, sans employer ni armes ni chariots de guerre ; ce fut l'œuvre de Kouan Tchoung. Quel autre fut aussi pleinement humain que lui ? »

XIV.18. Tzeu koung dit : « Kouan Tchoung n'a pas été parfait, ce semble. Le prince Houan ayant tué le prince Kiou, Kouan Tchoung n'a pas eu le courage de se donner la mort ; de plus, il a servi le prince Houan. » Le Maître répondit : « Kouan Tchoung aida le prince Houan à établir son autorité sur tous les princes. Il a réformé le gouvernement de tout l'empire, et jusqu'à présent le peuple jouit de ses bienfaits. Sans Kouan Tchoung, nous aurions les cheveux épars et le bord de la tunique fixé au côté gauche [9]. Devait-il montrer sa fidélité comme un homme de peu, s'étrangler lui-même dans un fossé et se dérober à la connaissance de la postérité ? »

XIV.19. Koung chou Wenn fit élever son intendant, Ch'ouan, à la charge de ministre en même temps qu'il le fut lui-même [par le prince de Wei] [10]. Le Maître l'ayant appris, dit : « Koung chou mérite bien son surnom de Wenn. "le Civilisé". »

XIV.20. Le Maître ayant dit que Ling, prince de Wei, n'était pas dans la [bonne] Voie, Ki K'ang tzeu demanda comment il n'avait pas encore causé la perte de son pays. Confucius répondit : « Tchoung chou Iu est chargé de recevoir les hôtes et les étrangers ; T'ouo dirige les rites et prend la parole dans le temple des ancêtres ;

Wang suenn Kia s'occupe de l'armée. Comment causerait-il la perte de son pays ? »

XIV.21. Le Maître dit : « Celui qui ne craint pas de promettre de grandes choses a de la peine à les exécuter. »

XIV.22. Tch'enn Tch'eng tzeu avait mis à mort le prince Kien. Confucius, après s'être purifié, alla au palais informer Ngai, prince de Lou. « Tch'enn Heng, dit-il, a tué son prince ; je vous prie de le faire châtier. » Le prince répondit : « Adressez-vous aux trois grands seigneurs. » Confucius se dit en lui-même : « Parce que j'ai encore rang parmi les grands préfets, je n'aurais pas osé me dispenser de l'avertir. Le prince me répond de m'adresser à ces trois seigneurs ! » Confucius alla faire son rapport aux trois grands seigneurs, qui rejetèrent sa demande. Il leur dit : « Parce que j'ai encore rang parmi les grands préfets, je n'aurais pas osé ne pas vous avertir. »

Trois ministres, chefs de trois grandes familles, s'étaient arrogé tout le pouvoir et gouvernaient en maîtres la principauté de Lou. Le prince n'était pas libre de décider par lui-même.

Il répondit à Confucius : « Vous pouvez vous adresser à ces trois grands seigneurs. » C'étaient les chefs des trois grandes familles Meng suenn, Chou suenn et Ki suenn.

XIV.23. Tzeu lou demanda comment servir son prince. Le Maître répondit : « Ne le trompe jamais, quitte à le contrarier. »

XIV.24. Le Maître dit : « Le sage tend vers le haut ; l'homme de peu tend vers le bas. »

XIV.25. Le Maître dit : « Anciennement, on s'appliquait à l'étude pour soi-même ; à présent, on s'y livre pour [acquérir l'estime] des autres. »

XIV.26. K'iu Pe iu envoya saluer Confucius. Le Maître invita le messager à s'asseoir [11] et lui demanda à quoi son maître s'appliquait. « Mon maître, répondit-il, désire diminuer le nombre de ses fautes, et il n'y parvient pas. » Quand l'envoyé se fut retiré, le Maître dit : « Quel messager ! Quel messager ! »

K'iu Pe iu, nommé Iuen, était grand préfet dans la principauté de Wei. Confucius avait reçu l'hospitalité dans sa maison, Lorsqu'il fut de retour dans le pays de Lou, Pe iu lui envoya un messager. Pe iu s'examinait lui-même et travaillait à soumettre ses passions, comme s'il craignait sans cesse de ne pouvoir y parvenir. On peut dire que l'envoyé connaissait à fond le cœur de cet homme honorable, et qu'il remplit bien son mandat. Aussi Confucius dit deux fois : « Quel messager ! » pour marquer son estime.

XIV.27. Le Maître dit : « Ne vous mêlez pas des affaires publiques dont vous n'avez pas la charge. »

XIV.28. Tseng tzeu dit : « [On lit dans le Livre des Mutations] : L'homme honorable, même en pensée, ne déroge pas de son rang. »

XIV.29. Le Maître dit : « L'homme honorable aurait honte de laisser ses paroles outrepasser ses actions. »

XIV.30. Le Maître dit : « La Voie de l'homme honorable est triple – que je ne peux quant à moi réaliser : la plénitude humaine sans obsession ; la connaissance sans scepticisme ; le courage sans peur. » Tzeu koung dit : « Mais vous parlez de vous, Maître. »

XIV.31. Tzeu koung s'occupait à juger les autres. Le Maître dit : « Seu [12] est donc déjà un grand sage ! Moi, je n'ai pas le temps [13]. »

XIV.32. Le Maître dit : « Ne t'afflige pas d'être méconnu des hommes, mais plutôt d'être incompétent. »

XIV.33. Le Maître dit : « Celui-là n'est-il pas vraiment sage, qui ne présume pas d'avance que les hommes ou chercheront à le tromper ou seront en défiance contre lui, mais qui cependant en a la prescience ? »

XIV.34. Wei cheng Meou dit à Confucius : « Eh ! K'iou ! pourquoi vas-tu de-ci, de-là ? Est-ce pour faire le beau parleur ? » Confucius répondit : « Je n'ai aucune prétention d'éloquence, mais je déteste l'entêtement [14]. »

XIV.35. Le Maître dit : « Le cheval Ki était estimé, non pas tant pour sa force physique que pour sa force de caractère. »

XIV.36. Quelqu'un dit : « Que faut-il penser de celui qui répond à l'inimitié par la Vertu ? » Le Maître répondit ; « Que rendrez-vous pour la Vertu ? Répondez à l'inimitié par la rectitude, et à la Vertu par la Vertu. »

XIV.37. Le Maître dit : « Personne ne me connaît. » Tzeu koung dit : « Maître, pourquoi dites-vous que personne ne vous connaît ? » Le Maître reprit : « Je ne me plains pas du Ciel et n'accuse pas les hommes, en étudiant ce qui est en bas, je pénètre les hauteurs. Celui qui me connaît n'est-ce pas le Ciel [15] ? »

XIV.38. Koung pe Leao avait dénoncé Tzeu lou auprès de Ki suenn. Tzeu fou King pe en informa Confucius et lui dit : « Ki suenn a conçu des soupçons contre Tzeu lou par suite des accusations de Koung pe Leao. Je suis assez puissant pour obtenir que le cadavre de ce dernier soit exposé sur la place publique. » Le

Maître répondit : « Que l'on suive la Voie c'est le destin. Qu'on la néglige, c'est le destin. Que peut faire Koung pe Leao contre le destin ? »

XIV.39. Le Maître dit : « Le sage évite le monde, puis évite certaines contrées, puis certaines attitudes, enfin certaines paroles. »

XIV.40. Le Maître dit : « De nos jours, sept sages se sont retirés dans la vie privée [16]. »

XIV.41. Tzeu lou passa une nuit à la Porte de Pierre. Le gardien de la porte lui dit : « D'où venez-vous ? – De l'école de Confucius », répondit Tzeu lou. « C'est, reprit le gardien, un homme qui s'applique à faire une chose qu'il sait être impossible [17]. »

XIV.42. Le Maître, dans la principauté de Wei, jouait d'un instrument de musique composé de pierres sonores [18]. Un homme venant à passer devant sa porte, avec une corbeille sur les épaules, dit : « Que de cœur dans cette musique ! » Peu après il ajouta : « Fi donc ! ce martèlement qui persiste ! Il suffit ! puisque personne ne vous entend. [Le Livre des Odes dit] : "Si le gué est profond, traverse le tout habillé ; s'il ne l'est pas, retrousse ton vêtement [19]". » Le Maître dit : « En effet, ce serait mettre fin à mes difficultés. »

XIV.43. Tzeu tchang dit : « Le Livre des Documents rapporte que l'empereur Kao tsoung se retira dans une cabane [20] où il demeura sans parler durant trois ans. Que signifie cette cérémonie ? » Le Maître répondit : « Qu'est-il besoin de citer Kao tsoung ? Tous les Anciens faisaient la même chose. Quand un souverain mourait, les officiers remplissaient leurs fonctions sous la direction du Premier ministre pendant trois ans. »

La cabane où l'empereur passait les trois années de deuil s'appelait leang in, parce qu'elle était tournée au nord et ne recevait pas les rayons du soleil.

XIV.44. Le Maître dit : « Si le prince aime à garder l'ordre fixé par les lois et les usages, le peuple est facile à diriger. »

XIV.45. Tzeu lou demanda ce qu'est un homme honorable. Le Maître répondit : « Un homme qui se perfectionne en veillant attentivement sur lui-même. – Cela suffit-il ? » reprit Tzeu lou. Confucius répondit : « Il se perfectionne lui-même en vue d'apporter la paix à autrui. – Est-ce tout ? » demanda Tzeu lou. Confucius dit : « Il se perfectionne lui-même en vue d'apporter la paix au peuple. Se perfectionner soi-même, en vue d'apporter la paix au peuple, c'est en cela que Iao et Chouenn ont eux-mêmes souffert. »

XIV.46. Iuen Jang attendait Confucius en se tenant accroupi. Le Maître lui dit : « Quand vous étiez jeune, vous ne respectiez pas ceux qui étaient plus âgés que vous. Devenu grand, vous n'avez rien fait de louable. Devenu vieux, vous ne mourez pas. Vos exemples sont très nuisibles. » Confucius avec son bâton lui frappa légèrement les jambes.

XIV.47. Confucius employait au service des hôtes et des visiteurs un enfant du village de K'iue tang. Quelqu'un demanda s'il faisait des progrès [21]. Le Maître répondit : « Je le vois prendre place parmi les hommes faits, et marcher côte à côte avec ceux qui sont plus âgés que lui. Il ne cherche pas à progresser peu à peu, mais il voudrait être parfait tout de suite ! »

---

1. Même au risque de vous attirer des inimitiés.
2. Malgré leur force et leur habileté.
3. Grâce à leur vertu.
4. Grand préfet de la principauté de Lou.
5. Grand préfet de la principauté de Wei.
6. Qui était de la même principauté.
7. Son frère puîné qui lui avait disputé la principauté. Parmi les partisans de Kiou étaient Chao Hou et Kouan Tchoung.
8. Il s'étrangla.

9. Comme les barbares, dont nous imiterions les mœurs et les usages.
10. Comme s'ils avaient été de même rang, le maître le voulant ainsi, afin d'honorer la sagesse de son intendant.
11. Par déférence pour K'iu Pe iu.
12. Tzeu koung.
13. De juger les autres ; je m'applique tout entier à me juger et à me corriger moi-même.
14. Des souverains qui ne veulent pas réformer leurs conceptions de l'État.
15. Les hommes n'estiment pas une vertu qui croît peu à peu et ne cherche pas à briller.
16. On ne connaît pas leurs noms.
17. Réformer les mœurs.
18. Exprimant par des sons plaintifs la douleur que lui causait l'état malheureux de la société.
19. Le sage tantôt demeure caché, tantôt se montre, selon les circonstances.
20. À la mort de son père.
21. Dans l'étude de la sagesse.

Chapitre XV

XV.1. Ling, prince de Wei, interrogea Confucius sur l'art de ranger les armées en bataille. Confucius répondit : « On m'a enseigné la manière de ranger les supports et les vases de bois pour les sacrifices ; je n'ai pas appris à commander les armées. » Confucius s'en alla dès le lendemain. Dans la principauté de Tch'enn, les vivres lui manquèrent [1]. Ses compagnons étaient affaiblis par la faim ; aucun d'eux n'avait plus la force de se lever. Tzeu lou indigné se présenta devant lui et dit : « L'homme honorable est-il aussi exposé à manquer de tout ? – L'homme honorable, répondit le Maître, demeure constant et courageux dans la détresse. L'homme de peu, dans la détresse, ne connaît plus aucune loi. »

XV.2. Le Maître dit : « Seu, me considères-tu comme un homme qui a beaucoup appris et beaucoup retenu ? – Oui, répondit Tzeu koung. Suis-je dans l'erreur ? – Tu es dans l'erreur, reprit Confucius. J'ai un fil qui relie tout. »

XV.3. Le Maître dit : « Iou, peu d'hommes connaissent la Vertu. »

Celui qui ne la possède pas ne peut en connaître ni la réalité ni les charmes.

XV.4. Le Maître dit : « Chouenn était un prince qui, presque sans avoir besoin de rien faire, maintenait l'empire dans un ordre parfait. Que faisait-il ? Il veillait attentivement sur lui-même et se tenait gravement le visage tourné vers le midi. »

XV.5. Tzeu tchang demanda comment agir. Le Maître répondit : « Sois loyal et digne de confiance dans tes paroles, sérieux et circonspect dans tes actions, et tu pourras œuvrer, même au milieu des barbares du Sud ou du Nord. Si tu n'es ni loyal ni digne de foi dans tes paroles, ni prudent ni circonspect dans tes actions, que pourras-tu faire, même dans un village ? Debout [prêt à agir], aie ces paroles devant les yeux. En char, applique-les à ton timon. Par ce moyen, tu pourras œuvrer. » Tzeu tchang les inscrivit sur sa ceinture.

XV.6. Le Maître dit : « Quelle rectitude chez [l'historiographe] Iu ! Que le pays marche ou non dans la Voie, il suit toujours le droit chemin, comme une flèche. Quel homme honorable, ce K'iu Pe iu ! Si la Voie est suivie dans un pays, il exerce une charge. Sinon, il sait se retirer et tenir ses talents cachés. »

L'historiographe était un annaliste officiel. Iu était grand préfet dans la principauté de Wei ; il s'appelait Ts'iou. Après sa mort, son représentant donna encore des avis à son prince. Malade et sur le point de mourir, il dit à son fils : « À la cour du prince, je n'ai pu obtenir que les charges fussent confiées aux sages et refusées aux incapables. Après ma mort, il ne faudra pas faire les rites funèbres. Il suffira de déposer mon corps dans la salle qui est au nord. » Le prince, étant allé faire les lamentations ordinaires, demanda la raison de cette singularité. Le fils du défunt répondit avec un accent de douleur profonde : « Mon père l'a ainsi ordonné. – Je suis en faute », dit le prince. Aussitôt il ordonna de revêtir le corps du défunt dans l'endroit où l'on rendait cet honneur à ses hôtes. Puis, il mit en charge K'iu Pe iu et éloigna Mi tzeu hia (son indigne ministre).

XV.7. Le Maître dit : « Si vous refusez d'instruire un homme qui a les dispositions requises, vous perdez un homme. Si vous enseignez un homme qui n'a pas les dispositions nécessaires, vous perdez vos instructions. Un sage ne perd ni les hommes ni ses enseignements. »

XV.8. Le Maître dit : « Un gentilhomme d'idéal, un homme pleinement humain ne cherche jamais à sauver sa vie aux dépens de la vertu d'humanité. Il est des circonstances où il sacrifie sa vie, pour que s'accomplisse cette vertu. »

XV.9. Tzeu koung demanda ce qu'il fallait faire pour agir en pleine humanité. Le Maître répondit : « L'ouvrier qui veut bien faire son travail doit commencer par aiguiser ses instruments. Dans la contrée où il demeure, qu'il se mette au service des grands préfets les plus sages ; qu'il contracte amitié avec les gentilshommes les plus parfaits. »

XV.10. Ien Iuen demanda à Confucius ce qu'il fallait faire pour bien gouverner un État. Le Maître répondit : « L'empereur doit suivre le calendrier des Hia [2]. Il doit adopter la voiture des [Chang-]In [3] et porter dans les cérémonies le bonnet des Tcheou [4]. Il doit faire exécuter les chants de Chouenn. Il doit bannir les chants de la principauté de Tcheng et écarter les beaux parleurs. Les chants de Tcheng sont obscènes ; les beaux parleurs sont dangereux. »

XV.11. Le Maître dit : « Celui dont la prévoyance ne s'étend pas loin sera bientôt dans l'embarras. »

XV.12. Le Maître dit : « Faut-il donc désespérer ? Je n'ai pas encore vu un homme qui aimât la Vertu autant qu'on aime une belle apparence. »

XV.13. Le Maître dit : « Tsang Wenn tchoung [5] n'usa-t-il pas de sa dignité comme un voleur [6] ? Il connut la sagesse de Houei de Liou hia et ne le demanda pas pour collègue [à la cour du prince]. »

Houei de Liou hia était Tchen Houe, nommé K'in, grand préfet de Lou. Il tirait ses appointements de la ville de Liou hia. Il reçut le nom posthume de Houei, qui signifie « Bienfaisant ».

XV.14. Le Maître dit : « Celui qui est sévère envers lui-même et indulgent envers les autres évite les mécontentements. »

XV.15. Le Maître dit : « Je n'ai rien à faire pour celui qui ne demande pas : comment ferai-je ceci ? comment ferai-je cela [7] ? »

XV.16. Confucius dit : « Qu'ils sont pénibles ceux qui se réunissent et demeurent ensemble toute la journée, qui ne disent rien de juste et se plaisent à faire de piètres jeux d'esprit ! »

Ils ne peuvent pas atteindre la Vertu ; ils auront des chagrins et des peines.

XV.17. Le Maître dit : « L'équité est l'essence même de l'homme honorable. Il la pratique d'après les rites, la manifeste avec humilité, et l'accomplit en toute sincérité. Un tel homme mérite le nom d'homme honorable. »

XV.18. Le Maître dit : « L'homme honorable s'afflige de son incompétence ; il ne s'afflige pas de n'être pas connu des hommes [8]. »

XV.19. Le Maître dit : « L'homme honorable ne veut pas mourir qu'il ne se soit rendu digne d'éloge. »

XV.20. Le Maître dit : « L'homme honorable attend tout de lui-même ; l'homme de peu attend tout des autres. »

XV.21. Le Maître dit : « L'homme honorable est maître de lui-même et n'a de contestation avec personne ; il est sociable, mais n'est pas homme de parti. »

XV.22. Le Maître dit : « L'homme honorable n'élève pas quelqu'un sur ses [simples] propos, ni ne rejette un propos parce qu'il vient d'un quidam. »

XV.23. Tzeu koung demanda s'il existait un mot qu'on pût observer toute la vie. Le Maître répondit : « N'est-ce pas celui de tolérance ? Ne faites pas à autrui ce que vous ne voudriez pas qu'on vous fasse à vous-même. »

XV.24. Le Maître dit : « Quel est celui que j'ai blâmé ou loué avec excès ? Si je loue trop quelqu'un, c'est que j'ai reconnu qu'il se rendra digne des éloges que je lui donne. Notre peuple est celui qui permit aux [empereurs des] Trois Dynasties de marcher dans la Voie droite. »

XV.25. Le Maître dit : « Dans mon enfance, j'ai encore pu voir des historiographes qui n'écrivaient rien dont ils ne fussent certains, des hommes riches qui prêtaient à d'autres leurs chevaux. À présent on n'en voit plus [9]. »

XV.26. Le Maître dit : « Les discours madrés se font passer pour la Vertu. Une légère impatience ruine de grands projets. »

XV.27. Le Maître dit : « Quand la haine ou la faveur de la multitude s'attache à un homme, il faut examiner pourquoi. »

XV.28. Le Maître dit : « L'homme peut développer la Voie ; mais ce n'est pas la Voie qui développe l'homme [10]. »

XV.29. Le Maître dit : « Ne pas se corriger après une faute, c'est là qu'est la faute. »

XV.30. Le Maître dit : « Autrefois je passais des jours entiers sans manger et des nuits entières sans dormir, afin de me livrer à la méditation. J'en ai retiré peu de fruit. Il vaut mieux étudier. »

XV.31. Le Maître dit : « L'homme honorable recherche la Voie, et non les biens matériels. Au sein même du labourage [guette] la disette. Au sein même de l'étude [réside] la faveur. L'homme honorable se préoccupe de la Voie, non de la pauvreté. »

XV.32. Le Maître dit : « Ayant la connaissance pour l'atteindre, mais une plénitude humaine inapte à la garder, bien qu'on l'ait obtenue, on la perd immanquablement. Ayant la connaissance pour l'atteindre, et la plénitude humaine capable de la garder, si l'on ne s'y maintient pas avec sérieux, le peuple, dans ce cas, n'est plus respectueux. Ayant la connaissance pour l'atteindre, et la plénitude humaine capable de la garder, que l'on s'y maintienne avec sérieux, mais qu'on la mette en œuvre sans rites, ce n'est pas excellent. »

XV.33. Le Maître dit : « On ne peut apprécier le sage dans une petite chose [11], mais on peut lui en confier de grandes. On ne peut confier de grandes choses à l'homme de peu ; mais on peut l'apprécier dans les petites. »

XV.34. Le Maître dit : « La vertu d'humanité est plus nécessaire au peuple que l'eau et le feu [12]. J'ai vu des hommes périr en marchant dans l'eau ou dans le feu ; je n'ai jamais vu personne périr en marchant dans la voie de cette vertu. »

XV.35. Le Maître dit : « Dans la poursuite de la vertu d'humanité, ne cédez pas la place à votre maître. »

XV.36. Le Maître dit : « L'homme honorable est ferme sans être opiniâtre. »

XV.37. Le Maître dit : « Celui qui est au service de son prince doit remplir sa charge avec grand soin, et ne penser à son salaire qu'en dernier lieu. »

XV.38. Le Maître dit : « Dans mon école tous les hommes sont admis, sans distinction. »

La nature humaine profonde est excellente en elle-même. La différence entre les bons et les méchants est due à la différence des habitudes qu'ils ont contractées. Lorsqu'un homme honorable tient école, tous les hommes peuvent, sous sa direction, recouvrer l'excellence, et mériter de n'être plus rangés dans la classe des méchants.

XV.39. Le Maître dit : « Deux hommes qui suivent des voies différentes ne peuvent se rencontrer. »

XV.40. Le Maître dit : « Le langage doit porter, c'est tout. »

XV.41. Le maître de musique Mien [13] étant allé faire visite à Confucius, lorsqu'il fut arrivé au bas des marches, le Maître lui dit : « Voici les marches » ; lorsqu'il fut arrivé auprès de la natte, le Maître lui dit : « Voici votre natte. » Quand tout le monde fut assis, le Maître dit au préfet de la musique : « Un tel est ici ; un tel est là. » Lorsque le maître Mien se fut retiré, Tzeu tchang demanda si c'était un devoir de l'avertir ainsi. « Certainement, répondit le Maître, c'est un devoir d'aider ainsi les directeurs de la musique [14]. »

---

1. Il fut assiégé durant sept jours, par ordre du prince.
2. D'après lequel l'année commençait, comme sous les Ts'ing, au deuxième mois lunaire après le solstice d'hiver.
3. Elle était simple.
4. Ils portent à la vertu.
5. Ministre du prince de Lou.
6. En cherchant son intérêt et non celui de l'État.
7. Car il n'a pas un vrai désir d'apprendre.
8. Cf. chap. XIV, 32.
9. Chaque prince avait des historiographes.
10. S'il ne fait aucun effort.

11. Parce qu'il ne peut exceller dans toutes les petites choses.
12. Et elle ne nuit jamais.
13. Qui était aveugle.
14. Qui sont ordinairement aveugles.

Chapitre XVI

XVI.1. Le chef de la famille Ki se préparait à envahir Tchouen iu [1]. Jen Iou et Tzeu lou [2] allèrent voir Confucius et lui dirent : « Ki prépare une expédition contre Tchouen iu. » « K'iou [3], répondit Confucius, n'as-tu pas quelque part à ce crime ? Tchouen iu a été choisi par les anciens empereur [4] pour être le lieu ordinaire des sacrifices, au pied du mont Moung oriental. De plus, il fait partie de la principauté de Lou et relève de l'autorité de notre prince. De quel droit Ki irait-il l'attaquer ?

– Notre maître le veut, répondit Jen Iou ; nous, ses ministres, nous ne le voulons ni l'un ni l'autre. » Confucius dit : « K'iou, Tcheou Jenn [5] répétait souvent : "Qui peut déployer sa force, entre dans les rangs ; qui en est incapable, s'abstienne. À quoi servira ce conducteur d'aveugles, qui ne saura ni affermir celui qui est ébranlé, ni soutenir celui qui tombe [6] ?" » De plus, ta réponse est blâmable. Si un tigre ou un bœuf sauvage s'échappe de sa cage ou de son enclos, si une écaille de tortue ou une pierre précieuse est endommagée dans le coffre, à qui en est la faute [7] ? »

Jen Iou répliqua : « Tchouen iu est bien fortifié et proche de la ville de Pi [8]. Si Ki ne s'empare pas à présent de Tchouen iu, dans les temps à venir ses descendants seront dans l'embarras. - K'iou, répondit Confucius, le sage déteste ces hommes qui ne veulent pas avouer leur cupidité et inventent des prétextes pour l'excuser. J'ai entendu dire que ce qui doit préoccuper les chefs d'État ou de clan, ce n'est pas le petit nombre de leurs sujets, mais les inégalités ; ce n'est pas le manque de ressources, mais la discorde. La pauvreté n'est pas à craindre, où l'égalité est observée ; ni le petit nombre, où règne la concorde ; ni le bouleversement de l'État, où règne la tranquillité. Si les habitants des contrées éloignées ne reconnaissent pas l'autorité du prince, qu'il fasse fleurir la culture [9], afin de les attirer ; après les avoir attirés, qu'il les fasse jouir de la tranquillité. Vous, Iou et K'iou, vous êtes les ministres de Ki. Les habitants des contrées éloignées ne se soumettent pas, et vous ne savez pas les attirer. La principauté de Lou penche vers sa ruine et se divise en plusieurs parties. Vous ne savez pas lui conserver son intégrité ; et vous pensez à exciter une levée de boucliers dans son sein. Je crains bien que la famille de Ki ne rencontre de grands embarras, non pas à Tchouen iu mais dans l'intérieur même de sa maison [10]. »

L'intérieur de la maison, c'est ici la cloison ou petit mur élevé devant la porte d'une habitation pour dérober aux passants la vue de la maison. Dans les visites entre un prince et son sujet, les témoignages de respect commencent auprès de cette cloison. C'est pourquoi elle s'appelle cloison du respect.

XVI.2. Le Maître dit : « Quand le monde marche dans la Voie, le Fils du Ciel règle lui-même les rites, la musique, les expéditions militaires pour soumettre les feudataires désobéissants. Quand le monde est dévoyé, les vassaux règlent les rites, la musique, les expéditions militaires. Alors [11] les familles des vassaux conservent rarement leur autorité au-delà de dix générations [12]. Lorsque les grands préfets s'emparent du pouvoir, ils le conservent rarement plus de cinq générations. Les intendants des princes ou des grands préfets, devenus à leur tour maîtres du pouvoir, le conservent rarement plus de trois générations. Quand le monde marche dans la Voie, la haute administration n'est pas entre les mains des grands préfets ; les particuliers ne sont pas admis à délibérer sur les affaires d'État. »

XVI.3. Confucius dit : « Les revenus publics ont passé de la maison du prince de Lou aux maisons des trois puissants grands préfets Meng suenn, Chou suenn et Ki suenn, qui descendent de Houan, prince de Lou, cela depuis cinq générations. La haute administration est entre les mains des grands préfets depuis quatre générations. Aussi, la puissance de ces trois grands seigneurs touche à son terme [13]. »

À la mort de Wenn, prince de Lou (609 avant notre ère), ses fils avaient mis à mort l'héritier présomptif Tch'eu, et lui avaient substitué le prince Siuen. Celui-ci n'eut qu'une ombre de pouvoir (l'autorité souveraine fut usurpée par Ki Ou, chef de la famille Ki suenn). Siuen, Tch'eng, Sieng, Tchao, Ting, en tout cinq princes, s'étaient succédé. Le grand préfet Ki Ou, qui avait usurpé le pouvoir, avait eu pour successeurs Tao, P'ing et Houan. En tout, quatre grands préfets s'étaient succédé, et l'autorité passa de leurs mains entre celles de Leng Hou, intendant de leur famille.

XVI.4. Confucius dit : « Trois sortes d'amitié sont avantageuses, et trois sortes d'amitié sont nuisibles. L'amitié avec un homme qui parle sans détours, l'amitié avec un homme sincère, l'amitié avec un homme de grand savoir, ces trois sortes d'amitié sont utiles. L'amitié avec un homme habitué à tromper par une fausse apparence d'honnêteté, l'amitié avec un homme habile à flatter, l'amitié avec un homme qui est grand parleur, ces trois sortes d'amitié sont nuisibles. »

XVI.5. Confucius dit : « Il y a trois plaisirs utiles, et trois nuisibles. Aimer les rites et la musique bien réglés, aimer à dire le bien qu'on a observé dans les autres, à se lier d'amitié avec beaucoup d'hommes sages, ces trois choses sont utiles. Aimer à donner libre cours à ses convoitises à perdre son temps et à courir çà et là, à faire bombance, ces trois plaisirs sont nuisibles. »

XVI.6. Confucius dit : « Quand vous êtes en présence d'un homme honorable, vous avez trois défauts à éviter. Si vous lui adressez la parole avant qu'il vous interroge, c'est précipitation. Si, interrogé par lui, vous ne lui répondez pas, c'est dissimulation. Si vous lui parlez avant d'avoir vu, à l'air de son visage, qu'il vous prête une oreille attentive, c'est aveuglement. »

XVI.7. Confucius dit : « L'homme honorable se tient en garde contre trois choses. Dans la jeunesse, lorsque le sang et le souffle vital sont toujours en mouvement, il se tient en garde contre les plaisirs des sens. Dans l'âge mûr, lorsque le sang et le souffle vital sont dans toute leur vigueur, il évite les querelles. Dans la vieillesse, lorsque le sang et le souffle vital ont perdu leur énergie, il se tient en garde contre la passion d'acquérir. »

XVI.8. Confucius dit : « L'homme honorable respecte trois choses. Il respecte le Décret céleste [14] ; il respecte les hommes éminents ; il respecte les maximes des hommes saints. L'homme de peu ne connaît pas le Décret céleste et ne le respecte pas ; il traite sans respect les hommes éminents ; il tourne en dérision les maximes des hommes saints. »

XVI.9. Confucius dit : « Ceux dont la connaissance est innée sont des hommes [tout à fait] supérieurs. Puis viennent ceux qui acquièrent cette connaissance par l'étude ; puis ceux qui étudient, poussés par les épreuves. Enfin, ceux qui, même dans la détresse, n'étudient pas : c'est le peuple. »

XVI.10. Confucius dit : « L'homme honorable donne une attention spéciale à neuf choses. Il s'applique à bien voir ce qu'il regarde, à bien entendre ce qu'il écoute ; il a soin d'avoir un air affable, d'avoir une attitude déférente, d'être sincère dans ses paroles, d'être diligent dans ses actions ; dans ses doutes, il a soin d'interroger ; lorsqu'il est mécontent, il pense aux suites fâcheuses de la colère ; en face d'un bien à obtenir, il se rappelle la justice. »

XVI.11. Confucius dit : « Rechercher le bien, comme si l'on craignait de ne pouvoir y parvenir ; éviter le mal, comme si l'on avait mis la main dans l'eau bouillante ; c'est un principe que j'ai vu mettre en pratique, et que j'ai appris. Vivre dans la retraite à la poursuite de son idéal, pratiquer la justice, afin d'accomplir sa Voie, c'est un principe que j'ai appris, mais que je n'ai encore vu suivi par personne. »

XVI.12. King, prince de Ts'i, avait mille attelages de quatre chevaux. À sa mort, le peuple ne trouva aucune vertu à louer en lui. Pe i et Chou ts'i moururent de faim au pied du mont Cheou iang [15]. Le peuple n'a pas encore cessé de célébrer leurs louanges, « non à cause de leurs richesses, mais parce qu'ils étaient hors du commun ». Ces deux vers du Livre des Odes ne peuvent-ils pas leur être appliqués justement ?

XVI.13. Tch'enn Kang demanda à Pe iu [16] si son père lui avait donné des enseignements particuliers qu'il ne communiquait pas à ses disciples. Pe iu répondit : « Aucun jusqu'à présent. Un jour qu'il se trouvait seul, comme je traversais la salle d'un pas rapide, il me dit : "As-tu étudié le Livre des Odes ? – Pas encore, lui dis-je. – Si tu n'études pas le Livre des Odes, me répondit-il, tu n'auras pas de sujets de conversation." Je me retirai et me mis à étudier le Livre des Odes. Un autre jour qu'il était encore seul, comme je traversais la salle d'un pas rapide, il me dit : "As-tu étudié les Rites ? – Pas encore, lui répondis-je. – Si tu n'études pas les Rites, dit-il, tu n'auras pas de fondement solide." Je me retirai et me mis à étudier les Rites. Voilà les deux enseignements que j'ai reçus. » Tch'enn Kang se retira satisfait et dit : « J'ai demandé une chose, et j'en ai appris trois ; dont l'une concerne le Livre des Odes, l'autre concerne le Livre des Rites ; et la troisième, c'est que l'homme honorable ménage une certaine distance avec son fils. »

XVI.14. Un prince [feudataire] appelle son épouse principale fou jenn, son aide. Celle-ci, en parlant d'elle-même, s'appelle « petite fille ». Les habitants de la principauté la désignent sous le nom de « Dame-qui-aide-le-prince ». Quand ils parlent d'elle devant un étranger, ils l'appellent leur « petite Dame ». Les étrangers lui donnent le nom de « Dame-qui-aide-le-prince ».

---

1. Petite principauté qui dépendait de celle de Lou.
2. Qui étaient au service de Ki.
3. Jen Iou.
4. De la dynastie des Tcheou.
5. Ancien historien.
6. Si vous ne pouvez pas travailler pour le bien public, quittez votre charge.
7. La faute en est à celui qui est chargé de garder ces bêtes féroces ou ces objets.
8. Qui appartient à Ki.
9. L'urbanité, l'harmonie, la pureté des mœurs.
10. Parce que l'injustice trouble la paix des citoyens, et amène la discorde intestine.
11. La justice est violée, les lois ne sont plus observées, le trouble est dans l'État.
12. Elle leur est enlevée par les grands préfets.
13. Parce que les grands préfets ne peuvent la conserver au-delà de cinq générations.
14. La loi naturelle.
15. Cf. chap. VII, 14.
16. Fils de Confucius, aussi nommé Li.

Chapitre XVII

XVII.1. Iang Houo désirait recevoir la visite de Confucius. Confucius n'étant pas allé le voir, Iang Houo lui envoya un jeune cochon. Confucius choisit le moment où Iang Houo n'était pas chez lui et alla à sa maison pour le saluer ; il le rencontra en chemin. Iang Houo dit à Confucius : « Viens, j'ai à te parler ! » Alors il lui dit : « Celui qui tient son trésor [1] caché dans son sein et laisse son pays dans le trouble, mérite-t-il d'être appelé bienfaisant ? – Non », répondit Confucius. Iang Houo reprit : « Celui qui aime à gérer les affaires publiques et laisse souvent passer les occasions de le faire mérite-t-il d'être appelé prudent ? – Non », répondit Confucius. Iang Houo continua : « Les jours et les mois passent ; les années ne nous attendent pas. – Bien, répondit Confucius ; j'exercerai un emploi [2]. »

Iang Houo, appelé aussi Hou, était intendant de la famille Ki. Il avait jeté dans les fers Ki Houan, le chef de cette famille, et gouvernait seul en maître la principauté de Lou. (Il avait ainsi rendu à son maître ce que Ki Ou, bisaïeul de celui-ci, avait fait au prince de Lou.) Il voulait déterminer Confucius a lui faire visite ; mais Confucius n'y alla pas. Lorsqu'un grand préfet envoyait un présent à un lettré, si le lettré n'était pas chez lui pour le recevoir, il devait, d'après les usages, aller à la maison du grand préfet présenter ses remerciements. Iang Houo, profitant d'un moment où Confucius n'était pas chez lui, lui envoya un jeune cochon en présent, afin de l'obliger à venir le saluer et lui faire visite. Confucius, choisissant aussi le moment ou Iang Houo était absent, alla à sa maison pour le remercier. Il craignait de tomber dans le piège que ce méchant homme lui avait tendu et de sembler reconnaître son pouvoir absolu ; et il voulait tenir sa première résolution, qui était de ne pas le voir. Contre son attente, il rencontra Iang Houo en chemin, Iang Houo, en critiquant la conduite de Confucius, et en l'engageant à accepter une charge sans délai, n'avait d'autre intention que d'obtenir son appui pour mettre le trouble dans le gouvernement. Confucius était tout disposé à exercer un emploi, mais non à se mettre au service de Iang Houo.

XVII.2. Le Maître dit : « Les hommes sont tous semblables par leur nature profonde ; ils diffèrent par leurs us et coutumes. »

XVII.3. Le Maître dit : « Il n'y a que deux classes d'hommes qui ne changent jamais de conduite : les plus instruits et les plus insensés. »

XVII.4. Le Maître, arrivant à Ou tch'eng, entendit les sons de chants et d'instruments à cordes. Il sourit et dit : « Pour tuer une poule, emploie-t-on le couteau qui sert à dépecer les bœufs ? » Tzeu iou répondit : « Maître, autrefois je vous ai entendu dire que l'étude de la Voie porte l'homme honorable à aimer les autres et rend les hommes de peu faciles à gouverner. – Mes enfants, reprit le Maître, Ien a dit vrai. Ce que je viens de dire n'était qu'une plaisanterie. »

Ou tch'eng dépendait de la principauté de Lou. Tzeu iou était alors préfet de Ou tch'eng et enseignait au peuple les rites et la musique. Aussi tous les habitants savaient chanter et jouer des instruments à cordes. La joie de Confucius parut sur son visage. Il sourit et dit : « Pour tuer une poule, un petit animal, quelle raison y a-t-il d'employer le grand couteau qui sert à dépecer les bœufs ? » Il voulait dire que Tzeu iou employait les grands moyens administratifs pour gouverner une petite ville. Il ne le disait pas sérieusement. Les pays à gouverner n'ont pas tous la même étendue ; mais ceux qui les gouvernent doivent toujours enseigner les rites et la musique, et tenir ainsi la même conduite.

XVII.5. Koung chan Fou jao, maître de la ville de Pi, s'était révolté. Il manda Confucius. Le Maître voulait aller le voir. Tzeu lou, indigné, lui dit : « Il n'est pas d'endroit où il convienne d'aller [3]. Quelle nécessité y a-t-il d'aller trouver le chef de la famille Koung chan ? » Le Maître répondit : « Celui qui m'a invité l'a-t-il fait sans une intention véritable [4] ? Si l'on me donnait la direction des affaires publiques, ne ferais-je pas revivre à l'Est les principes des fondateurs de la dynastie des Tcheou ? »

Koung chan Fou jao était intendant du chef de la famille des Ki, qui était grand préfet dans la principauté de Lou. Koung chan était son nom de famille, Fou jao son nom propre, et Tzeu sie son surnom. Avec Iang Houo, il s'était emparé de la personne du grand préfet Ki Houan et, maître de la ville de Pi, il soutenait sa révolte contre le grand préfet. Il fit inviter Confucius à se rendre auprès de lui, Confucius voulait y aller. C'est que

Koung chan Fou jao était en révolte contre la famille des Ki, et non contre le prince de Lou. Confucius voulait y aller dans l'intérêt du prince de Lou, non dans l'intérêt de Koung chan Fou jao. Si Confucius était parvenu à exécuter son dessein, il aurait retiré l'autorité souveraine des mains des grands préfets pour la rendre au prince ; et, après l'avoir rendue au prince, il l'aurait fait retourner à l'empereur. Il voulait se rendre auprès de Koung chan Fou jao parce que tels étaient ses principes. Cependant, il n'y alla pas, parce qu'il lui serait impossible d'exécuter son dessein.

XVII.6. Tzeu tchang demanda à Confucius en quoi consiste la vertu d'humanité. Confucius répondit : « Celui-là est parfait qui est capable de pratiquer cinq choses partout et toujours. » Tzeu tchang dit : « Permettez-moi de vous demander quelles sont ces cinq choses ? – Ce sont, répondit Confucius, la déférence, la grandeur d'âme, la sincérité, la diligence et la générosité. La déférence inspire le respect ; la grandeur d'âme gagne les cœurs ; la sincérité obtient la confiance ; la diligence exécute des œuvres utiles ; la générosité rend facile la direction des hommes. »

XVII.7. Pi Hi invita Confucius à aller le voir. Le Maître voulait s'y rendre. Tzeu lou dit : « Maître, autrefois je vous ai entendu dire que l'homme honorable n'entre pas chez un homme engagé dans une entreprise malveillante. Pi Hi, maître de Tchoung meou, a levé l'étendard de la révolte. Convient-il que vous alliez le voir ? » Le Maître répondit : « Il est vrai, j'ai dit ces paroles. Mais ne dit-on pas aussi qu'un objet très dur n'est pas entamé par le frottement ? Ne dit-on pas aussi qu'un objet essentiellement blanc ne devient pas noir par la teinture ? Suis-je donc une courge ventrue, qui peut être suspendue, et ne pas manger ou n'être pas mangée ? »

Confucius dit : « Ferme et pur, je peux sans danger m'exposer au contact de la noirceur. Pourquoi ne répondrais-je pas à l'invitation de Pi Hi, par crainte de me souiller moi-même ? Suis-je donc une courge ? M'est-il permis de me rendre inutile aux hommes, comme une courge qui reste suspendue toujours dans un même endroit, et ne peut rien faire, pas même boire ou manger ? »

XVII.8. Le Maître dit : « Iou [5], connais-tu les six paroles [6] et les six ombres [7] ? » Tzeu lou se levant, répondit : « Pas encore. – Assieds-toi, reprit Confucius, je te les dirai. Le défaut de celui qui aime à se montrer bienfaisant, et n'aime pas l'étude, c'est le manque de discernement. Le défaut de celui qui aime le savoir, et n'aime pas l'étude, c'est de tomber dans la futilité. Le défaut de celui qui aime à tenir ses promesses, et n'aime pas l'étude, c'est de nuire aux autres [8]. Le défaut de celui qui aime la franchise, et n'aime pas l'étude, c'est d'être tranchant. Le défaut de celui qui aime à montrer du courage et n'aime pas l'étude, c'est de troubler l'ordre. Le défaut de celui qui aime la fermeté d'âme, et n'aime pas l'étude, c'est le fanatisme. »

XVII.9. Le Maître dit : « Mes enfants, pourquoi n'étudiez-vous pas le Livre des Odes ? Il nous sert à exciter les sentiments, à observer d'un œil critique. Il nous apprend à nous comporter en société, à servir notre père et servir notre prince. Il nous fait connaître beaucoup d'oiseaux, de quadrupèdes, de plantes et d'arbres. »

XVII.10. Le Maître dit à son fils Pe iu : « As-tu travaillé le Tcheou nan et le Chao nan [9] ? Celui qui n'a pas étudié le Tcheou nan et le Chao nan n'est-il pas comme un homme qui se tiendrait le visage tourné vers un mur ? »

XVII.11. Le Maître dit : « Les rites, toujours les rites ! Veut-on parler seulement des pierres précieuses et des soieries [10] ? La musique, encore la musique ! Veut-on parler seulement des cloches et des tambours ? »

Les rites exigent avant tout le respect, et la musique a pour objet principal l'harmonie (la concorde). Les pierres précieuses, les soieries, les cloches, les tambours ne sont que des accessoires.

XVII.12. Le Maître dit : « Ceux qui en apparence sont rigides et, au fond, n'ont aucune énergie, ne ressemblent-ils pas à ces hommes de la lie du peuple qui [11] percent ou enjambent les murs pour voler [12] ? ».

XVII.13. Le Maître dit : « Ceux qui passent pour hommes de bien aux yeux des villageois [13] ruinent la Vertu. »

XVII.14. Le Maître dit : « Répéter en chemin à tous les passants ce que l'on a appris de bon en chemin [14], c'est jeter la Vertu au vent. »

XVII.15. Le Maître dit : « Convient-il de faire admettre à la cour des hommes abjects, et de servir le prince avec eux ? Avant d'avoir obtenu les charges, ils sont en peine de les obtenir. Après les avoir obtenues, ils sont en peine de les conserver. Alors, ils ne reculent devant aucun crime pour ne pas les perdre. »

XVII.16. Le Maître dit : « Les Anciens étaient sujets à trois défauts, qui n'existent peut-être plus à présent [15]. L'originalité, du temps des

Anciens, était liberté ; celle d'aujourd'hui est la licence. La fierté, du temps des Anciens, était intégrité ; celle d'aujourd'hui est la hargne. La naïveté, du temps des Anciens, était droiture ; celle d'aujourd'hui est la fourberie. »

XVII.17. Le Maître dit : « Je déteste le pourpre, parce qu'il remplace le rouge [16]. Je déteste la musique de Tcheng, parce qu'elle altère la belle musique. Je hais les mauvaises langues, parce qu'elles troublent les États et les familles. »

XVII.18. Le Maître dit : « Je voudrais ne plus parler. – Maître, dit Tzeu koung, si vous ne parlez pas, qu'aurions-nous, vos humbles disciples, à transmettre ? » Le Maître répondit : « Est-ce que le Ciel parle ? Les quatre saisons suivent leur cours ; tous les êtres croissent. Est-ce que le Ciel parle jamais ? »

Dans la conduite de l'homme saint, tout, jusqu'aux moindres mouvements, est la claire manifestation du plus haut principe ; de même que le cours des saisons, la production des différents êtres, tout dans la nature est un écoulement de la Voie céleste. Est-ce que le Ciel a besoin de parler pour se manifester ?

XVII.19. Jou Pei désirait voir Confucius. Confucius s'excusa sous prétexte de maladie. Lorsque celui qui porta cette réponse au visiteur eut passé la porte de la maison, Confucius, prenant son luth, se mit à jouer et à chanter, afin que Jou Pei l'entendît [17].

XVII.20. Tsai Ngo interrogeant Confucius sur le deuil de trois ans, dit : « Une année est déjà un temps assez long. Si l'homme honorable s'abstient d'exécuter les rites durant trois années, ces derniers tomberont en désuétude ; s'il abandonne la musique pendant trois années la musique sera en décadence. Dans le courant d'une année, les grains anciens sont consumés, les nouveaux sont recueillis ; les vrilles de différentes sortes de bois ont tour à tour produit du feu nouveau. Il convient que le deuil ne dure pas plus d'un an. »

Le Maître répondit : « Au bout d'un an de deuil, pourrais-tu bien te résoudre à manger du riz et à porter des vêtements de soie ? – Je le pourrais », dit Tsai Ngo. « Si tu le peux, reprit Confucius, fais-le. L'homme honorable, en temps de deuil, ne trouve aucune saveur aux mets les plus exquis, n'aime pas à entendre la musique, et ne goûte à aucun repos dans ses appartements ordinaires [18]. Aussi ne le ferait-il pas. Pour toi, si tu peux te résoudre à le faire, fais-le. » Tsai Ngo se retirant, le Maître dit : « Iu n'est pas pleinement humain. Les parents portent leur enfant sur leur sein durant trois années ; c'est pourquoi le deuil de trois ans a été adopté partout. Iu n'a-t-il pas été l'objet de la tendresse de ses parents durant trois années ? »

Les Anciens tiraient le feu nouveau d'un instrument de bois qu'ils faisaient tourner comme une tarière. Le bois employé, était, au printemps, l'orme ou le saule ; au commencement de l'été, le jujubier ou l'abricotier ; vers la fin de l'été, le mûrier ordinaire ou le mûrier des teinturiers ; en automne, le chêne ou le ion ; En hiver, le sophora ou le t'an. Un fils, après la mort de son père ou de sa mère, durant trois ans, ne prenait qu'une nourriture grossière, portait des vêtements de chanvre, et couchait sur la paille, la tête appuyée sur une motte de terre.

XVII.21. Le Maître dit : « Quand on ne fait que boire et manger toute la journée, sans appliquer son esprit à aucune occupation, c'est lamentable ! N'a-t-on pas des tablettes et des échecs ? Se livrer à ces jeux ne serait-il pas, pourtant, plus sage ? »

XVII.22. Tzeu lou dit : « L'homme honorable n'a-t-il pas en grande estime la bravoure ? » Le Maître répondit : « L'homme honorable met la justice au-dessus de tout. L'homme honorable qui a de la bravoure et ne respecte pas la justice provoque le désordre. Un homme de peu qui a de la bravoure et manque de justice devient brigand. »

XVII.23. Tzeu koung dit : « Est-il des hommes honorables qui éprouvent aussi de la haine ? » Le Maître répondit : « Oui. L'homme honorable hait ceux qui publient les défauts d'autrui ; il hait les hommes de basse condition qui dénigrent ceux qui sont d'une condition plus élevée ; il hait les hommes braves qui violent les rites ; il hait les hommes audacieux qui ont l'intelligence étroite. » Le Maître ajouta : « Et toi, Seu, as-tu aussi de l'aversion pour certains hommes ? – Je hais, répondit Tzeu koung, ceux qui font passer le plagiat pour du savoir ; je hais ceux qui font preuve d'irrévérence, s'imaginant que c'est courage ; je hais ceux qui dénoncent les fautes d'autrui pensant que c'est franchise. »

XVII.24. Le Maître dit : « Les femmes de second rang et les hommes de peu sont les personnes les moins maniables. Si vous les traitez familièrement, ils vous manqueront de respect ; si vous les tenez à distance, ils seront mécontents. »

XVII.25. Le Maître dit : « Celui qui, à quarante ans, est encore haï, le restera jusqu'à la fin de ses jours. »

---

1. La sagesse.
2. Quand le temps en sera venu.
3. Puisque les vrais principes sont partout méconnus.
4. De me confier une charge.
5. Tzeu lou.
6. Les six vertus.
7. Les six défauts dans lesquels tombe celui qui veut pratiquer ces six vertus et ne cherche pas à les bien connaître.
8. En leur promettant et en leur accordant des choses nuisibles.
9. Les deux premiers chapitres du Livre des Odes.
10. Qu'on offre en présent.
11. La nuit.
12. Et le jour paraissent honnêtes.
13. Et ne le sont pas.
14. Sans se donner la peine de le méditer ni de le mettre en pratique.
15. Mais qui ont fait place à d'autres beaucoup plus graves.
16. Le rouge est une couleur naturelle.
17. Qu'il comprit qu'il s'était attiré ce refus par quelque faute, et changeât de conduite.
18. Il demeure retiré dans une cabane. Cf. chap. XIV, 43.

Chapitre XVIII

XVIII.1. Le prince de Wei quitta la cour ; le prince de Ki fut réduit en esclavage ; Pi kan, pour avoir adressé des remontrances, fut mis à mort. Confucius dit : « Sous la dynastie des [Chang-]In, il y eut trois hommes de grande plénitude. »

Le prince de Wei était le frère du tyran Tcheou, mais il était né d'une femme de second rang. Le prince de Ki et Pi han étaient princes du sang, d'une génération antérieure à celle de Tcheou. Le prince de Wei, voyant la mauvaise conduite de Tcheou, quitta la cour. Le prince de Ki et Pi han adressèrent tous deux des remontrances au tyran. Tcheou mit à mort Pi kan, jeta dans les fers le prince Ki et le réduisit en esclavage. Le prince de Ki contrefit 1'insensé et fut accablé d'outrages.

XVIII.2. Houei de Liou hia était préposé à la justice [1]. Il fut trois fois destitué de sa charge. Quelqu'un lui dit : « Le moment n'est-il pas encore venu de quitter ce pays [2] ? – Si je veux servir les hommes en suivant la Voie droite, répondit-il, où irai-je pour n'être pas destitué trois fois ? Si je veux servir les hommes par des voies perverses, qu'ai-je besoin de quitter ma patrie ? »

XVIII.3. King, prince de Ts'i, se préparant à recevoir Confucius, dit à ses ministres : « Je ne puis le traiter avec autant d'honneur que le prince de Lou traite le chef de la famille Ki. Je le traiterai moins honorablement que le prince de Lou ne traite le chef de la famille Ki, mais plus honorablement qu'il ne traite le chef de la famille Meng. » Puis il ajouta : « Je suis vieux ; je ne peux plus l'employer. » Confucius [3] quitta la principauté de Ts'i [4].

XVIII.4. Le prince de Ts'i et ses ministres envoyèrent au prince de Lou une bande de musiciennes. Ki Houan les reçut ; au palais, durant trois jours, le soin des affaires fut abandonné. Confucius s'en alla.

Ki Houan, nommé Seu, était grand préfet dans la principauté de Lou. Sous le règne de Ting, prince de Lou, Confucius exerça la charge de ministre de la justice. En trois mois, il avait établi l'ordre le plus parfait dans le gouvernement. Le prince de Ts'i et ses ministres l'ayant appris, et craignant la puissance de Lou, envoyèrent en présent une bande de quatre-vingts filles, qui, vêtues d'habits magnifiques, et montées sur des chevaux richement ornés, exécutèrent des chants avec pantomime, et se donnèrent en spectacle hors de la ville, près de la porte méridionale. Houan exerçait le pouvoir souverain. Le prince Ting ne conservait plus qu'un vain titre. Il finit par accepter la bande de musiciennes. Le prince de Lou et ses ministres tombèrent ainsi dans le piège tendu par ceux de Ts'i. Entièrement occupés à entendre des chants et à voir des spectacles lascifs, les oreilles et les yeux fascinés, ils négligèrent les affaires publiques, et n'eurent plus d'estime pour les hommes vertueux et capables. Confucius aurait voulu adresser des remontrances au prince ; mais il ne le pouvait pas (ou bien, il voyait qu'elles auraient été sans effet). Il quitta le pays. (Ce fut la quatorzième année du règne de Ting, en 496 av. J.-C.)

XVIII.5. Tsie iu, l'insensé du pays de Tch'ou, passa devant le char de Confucius, en chantant : « Ô phénix ! Ô phénix ! Que ta Vertu est diminuée ! Il n'est plus temps de revenir sur le passé ; mais l'avenir peut encore se rattraper. Ça suffit ! Ça suffit ! Ceux qui maintenant sont à la tête des affaires sont en grand danger. » Confucius descendit de son char pour lui parler. Mais Tsie iu s'en alla d'un pas rapide. Confucius ne put converser avec lui.

La dynastie des Tcheou étant sur son déclin, les sages pratiquaient la vertu dans la retraite. Tsie iu dit : « Lorsque la Voie est suivie, le phénix apparaît ; quand elle ne l'est pas, il demeure caché. Tant il aime la Vertu ! Maintenant, en quels temps est-il venu ? Comment ne va-t-il pas encore replier ses ailes et se cacher ? » Tsie iu compare Confucius au phénix. Il le blâme de ce qu'il ne se décide pas à vivre dans la retraite, et prétend que sa Vertu a beaucoup diminué. L'avenir peut être rattrapé, c'est-à-dire : il est encore temps de te retirer.

XVIII.6. Tch'ang Ts'iu et Kie Gni s'étaient associés pour cultiver la terre. Confucius, passant en char auprès d'eux, envoya Tzeu lou leur demander où était le gué [5]. Tch'ang Ts'iu dit : « Quel est celui qui est dans le char et tient les rênes ? – C'est Confucius », répondit Tzeu lou. « Est-ce Confucius de la principauté de Lou ? » reprit Tch'ang Ts'iu. « C'est lui », dit Tzeu lou. Tch'ang Ts'iu remarqua : « Il connaît le gué. »

Tzeu lou interrogea Kie Gni. « Qui êtes-vous ? » dit Kie Gni. « Je suis Tchoung lou », répondit Tzeu lou. Kie Gni dit : « N'êtes-vous pas l'un des disciples de Confucius de Lou ? – Oui », répondit Tzeu lou. « Le monde, dit Kie Gni, est comme un torrent qui se précipite. Qui vous aidera à le réformer ? Au lieu de suivre un gentilhomme qui fuit les hommes [6], ne feriez-vous pas mieux d'imiter ceux qui fuient le monde et vivent dans la retraite ? » Kie Gni continua à recouvrir avec sa herse la semence qu'il avait déposée dans la terre.

Tzeu lou alla porter à Confucius les réponses de ces deux hommes. Le Maître dit avec un accent de douleur : « Nous ne pouvons pas faire société avec les animaux. Si je fuis la société de ces hommes [7], avec qui ferai-je société. Si la Voie régnait dans le monde, je n'aurais pas lieu de travailler à le réformer. »

Autrefois, sur les confins des principautés de Tch'ou et de Ts'ai (dans le Ho-nan actuel), deux gentilshommes, vivant dans la retraite, s'étaient associés pour cultiver leurs champs. Leurs noms n'ont pas été transmis à la postérité. Les annalistes ont appelé l'un Ts'iu, « Qui s'arrête et ne sort pas du repos », et l'autre, Gni, « Qui reste au fond de l'eau et n'émerge jamais ».

XVIII.7. Tzeu lou, voyageant avec Confucius, resta en arrière et le perdit de vue. Il rencontra un vieillard qui à l'aide d'un bâton portait sur son épaule une corbeille pour recueillir de l'herbe. Il lui demanda s'il avait vu son maître. Le vieillard lui dit : « Vous ne remuez ni pieds ni mains [8] ; vous ne savez pas même distinguer les cinq espèces de grains. Quel est votre maître ? » Puis, ayant enfoncé en terre son bâton, il arracha de l'herbe. Tzeu lou joignit les mains [9] et attendit. Le vieillard L'invita à passer la nuit dans sa maison. Il tua un poulet, prépara du millet, et servit à manger à son hôte. Il lui présenta aussi ses deux fils.

Le lendemain Tzeu lou s'en alla et raconta ce fait à Confucius. Le Maître dit : « C'est un ermite. » Il ordonna à Tzeu lou d'aller le voir de nouveau. Quand Tzeu lou arriva le vieillard était déjà parti. Tzeu lou dit à ses deux fils : « Refuser les charges, c'est manquer à la justice. S'il n'est pas permis de négliger les égards dus à ceux qui sont plus âgés que nous, quelqu'un a-t-il le droit de ne pas remplir les importants devoirs d'un sujet envers son prince ? En voulant se conserver sans tache, il violerait les grandes lois des relations sociales. L'homme honorable accepte les charges, pour remplir le devoir qu'il a de servir son prince. La Voie ne règne plus ; nous le savons depuis longtemps. »

Le vieillard dit à Tzeu lou : « À présent, c'est le moment de se livrer aux travaux des champs. Vous entreprenez des voyages lointains à la suite de votre maître. Quelle utilité en revient-il aux hommes de notre siècle ? Qui connaît seulement votre maître ? » Les cinq espèces de grains sont deux sortes de millets à panicules, les haricots et les pois, le blé et l'orge, le riz. Les cinq relations sociales sont celles qui existent entre le prince et le sujet, entre le père et le fils, entre le frère aîné et le frère puîné, entre le mari et la femme, entre les amis.

XVIII.8. Pe i, Chou ts'i, Iu tchoung, I i, Tchou Tchang, Houei de Liou hia et Chao lien se sont retirés de la vie publique. Le Maître dit : « Pe i et Chou ts'i n'ont-ils pas tenu invariablement leur résolution [10] et refusé toute humiliation ? » Confucius dit que Houei de Liou hia et Chao lien faisaient fléchir leur résolution et s'abaissaient eux-mêmes ; que leur langage avait été conforme à la droite raison, et leurs actions menées avec juste réflexion ; qu'ils avaient eu cela de bon, et rien de plus. Il dit que Iu tchoung et I i avaient vécu dans la retraite, donné des avis avec une liberté excessive ; mais qu'ils s'étaient gardés purs, et qu'ils avaient renoncé à tout pouvoir. « Pour moi, ajouta-t-il, j'ai un sentiment bien différent. Je ne veux ni ne rejette rien absolument [11]. »

XVIII.9. Tcheu, grand maître de musique [du pays de Lou], s'en alla dans la principauté de Ts'i. Kan, chef des musiciens qui jouaient pendant le deuxième repas, s'en alla dans la principauté de Tch'ou. Leao, chef de ceux qui jouaient au troisième repas, s'en alla dans la principauté de Ts'ai. K'iue, chef de ceux qui jouaient au quatrième repas, s'en alla dans la principauté de Ts'in. Fang chou, qui battait le tambour, se retira au bord du fleuve Jaune. Ou, qui agitait le petit tambour à manche, se retira au bord de la Han. Iang, aide du directeur en chef, et Siang, qui frappait les pierres sonores [K'ing], se retirèrent au bord de la mer [12].

L'empereur et tous les princes avaient des musiciens qui jouaient pendant leurs repas, pour les exciter à manger. Les morceaux de musique et les directeurs de musique étaient différents pour les différents repas. La dynastie des Tcheou venant à déchoir, la musique tomba en décadence. Confucius, en revenant de Wei dans sa patrie, restaura la musique. Dès lors, tous les musiciens, depuis les premiers jusqu'aux derniers, connurent parfaitement les règles de leur art. L'autorité du prince de Lou devint de plus en plus faible ; les trois fils de Houan s'emparèrent du pouvoir et l'exercèrent arbitrairement. Alors tous les musiciens, depuis le directeur en chef jusqu'aux derniers, furent assez sages pour se disperser dans toutes les directions. Ils traversèrent les fleuves et passèrent les mers, fuyant loin de leur patrie troublée.

XVIII.10. Tcheou koung [13], instruisant le prince de Lou [14], lui dit : « Un prince ne néglige pas ceux qui lui sont unis par le sang. Il a soin que les grands officiers ne puissent pas se plaindre de n'être pas employés [15]. À moins d'une raison grave, il ne rejette pas ceux qui ont servi l'État de génération en génération. Il n'exige pas qu'un homme possède à lui seul tous les talents et toutes les qualités. »

XVIII.11. La dynastie des Tcheou eut huit gentilshommes : Pe ta, Pe kouo, Tchoung tou, Tchoung hou, Chou ie, Chou hia, Ki souei, Ki koua.

Dans les temps prospères, au commencement de la dynastie des Tcheou, parurent huit hommes de talent et de Vertu, qu'on appela les huit gentilshommes. Ils étaient nés d'une même mère, deux à la fois d'une même couche.

Les Entretiens de Confucius

1. Dans la principauté de Lou.
2. Et d'aller dans un autre, où vos services seraient mieux appréciés.
3. À qui ces paroles furent rapportées.
4. Voyant qu'il n'y rendrait aucun service.
5. Pour passer la rivière.
6. Qui cherche partout des princes et des ministres amis de la vertu, et qui, n'en trouvant pas, passe sans cesse d'une principauté dans une autre.
7. Des princes et de leurs sujets.
8. Vous ne cultivez pas la terre.
9. En signe de respect.
10. De pratiquer la vertu le plus parfaite, et de ne jamais rien accorder aux hommes ni aux circonstances.
11. Mais je consulte toujours les circonstances.
12. Dans une île.
13. Tcheou koung, créé prince de Lou, envoya son fils gouverner la principauté à sa place.
14. Son fils Pe k'in.
15. Et de ne pas avoir sa confiance.

Chapitre XIX

XIX.1. Tzeu tchang dit : « Celui-là est un vrai gentilhomme, qui, en face du péril, expose sa vie, en face d'un avantage à recueillir, se rappelle la justice, dans les sacrifices, a soin d'être respectueux et, dans le deuil, ne pense qu'à sa douleur. »

XIX.2. Tzeu tchang dit : « Celui qui s'en tient à la Vertu, mais dans des limites étroites, qui est fidèle à la Voie, mais avec hésitation, doit-il être compté pour quelque chose, doit-il être compté pour rien ? »

XIX.3. Les disciples de Tzeu hia ayant interrogé Tzeu tchang sur l'amitié, Tzeu tchang leur demanda ce qu'en disait Tzeu hia. « Il dit, répondirent-ils, qu'on doit faire société avec les hommes convenables, et qu'il faut repousser les autres. » Tzeu tchang répliqua : « Ce principe ne s'accorde pas avec les enseignements que j'ai reçus. L'homme honorable honore les sages, et est indulgent envers la multitude ; il encourage par des éloges les excellents et a compassion des faibles. Suis-je un grand sage ? Quel est l'homme que je devrai repousser ? Suis-je dépourvu de sagesse ? Les hommes me repousseront ! Convient-il de repousser quelqu'un ? »

Le principe de Tzeu hia est trop étroit. Tzeu tchang a raison de le blâmer. Mais ce qu'il dit lui-même a le défaut d'être trop large. Sans doute le sage ne rejette personne, mais il doit repousser toute amitié nuisible.

XIX.4. Tzeu hia dit : « Les métiers, les arts, même les plus humbles [1], ne sont nullement à mépriser. Mais à s'y engager trop loin, il faut craindre de s'y embourber. Pour cette raison l'homme honorable n'exerce pas ces métiers. »

XIX.5. Tzeu hia dit : « Celui qui chaque jour examine ses manques, et qui chaque mois examine s'il n'a rien oublié de ce qu'il a appris, celui-là désire vraiment apprendre. »

XIX.6. Tzeu hia dit : « Étendez vos connaissances et ayez une volonté ferme ;

interrogez avec instance ; et pensez à ce qui vous touche de près. Là se trouve la vertu d'humanité. »

XIX.7. Tzeu hia dit : « Les artisans demeurent constamment dans leurs ateliers sur la place publique, afin d'accomplir leur ouvrage. De même, l'homme honorable étudie, afin de se perfectionner dans sa Voie. »

XIX.8. Tzeu hia dit : « L'homme de peu colore toujours d'une belle apparence les fautes qu'il a commises. »

XIX.9. Tzeu hia dit : « L'apparence de l'homme honorable est sujette à trois changements. Vu de loin, il paraît grave et sérieux ; vu de près, il paraît affable ; quand il parle, il paraît inflexible. »

XIX.10. Tzeu hia dit : « Il faut qu'un homme honorable gagne la confiance de ses sujets, avant de leur imposer des charges. Sinon, ils croiront qu'il veut les exploiter. Il faut qu'il se concilie la confiance de son prince, avant de lui adresser des remontrances. Sinon, le prince se considérera outragé. »

XIX.11. Tzeu hia dit : « Celui qui dans les grands principes ne dépasse pas les limites, peut dans les petits se permettre quelques libertés. »

XIX.12. Tzeu iou dit : « Les disciples de Tzeu hia savent très bien arroser et balayer la terre, répondre à ceux qui les appellent ou les interrogent, avancer ou se retirer. Mais ce sont des choses accessoires. Ils ignorent les plus importantes. Comment en est-il ainsi ? »

Ces paroles ayant été rapportées à Tzeu hia, il dit : « Ah ! Ien Iou [2] est dans l'erreur. Dans la Voie de l'homme honorable, qu'est-il transmis d'abord ? Qu'est-il relégué au second plan ? [Les disciples] sont comme les plantes, dont chaque espèce exige une culture particulière. La Voie de l'homme honorable peut-elle être mensongère [3] ? Pour respecter le début et la fin, est-il nécessaire d'être un saint ? »

XIX.13. Tzeu hia dit : « Que celui qui excelle dans sa charge se mette à l'étude. Que celui qui excelle dans l'étude exerce une charge. »

Celui qui se livre à une occupation doit d'abord faire parfaitement tout ce qui s'y rapporte, et il peut ensuite étendre ses soins à d'autres choses. Pour un officier, l'exercice de sa charge est la chose importante, et l'étude n'est pas absolument nécessaire ; il doit donc avant tout remplir les devoirs de sa charge. Pour un étudiant, l'étude est la chose principale, et l'exercice d'une charge n'est pas nécessaire ; il doit donc avant tout étudier parfaitement. Toutefois, un officier trouve dans l'étude un moyen d'établir ses œuvres plus solidement ; et un étudiant trouve dans l'exercice d'une charge un moyen de confirmer et d'étendre ses connaissances.

XIX.14. Tzeu iou dit : « Le deuil va jusqu'à l'affliction, mais sans plus. »

XIX.15. Tzeu iou dit : « Mon compagnon Tchang fait des choses qu'un autre ferait difficilement. Cependant, il n'est pas encore pleinement humain. »

XIX.16. Tseng tzeu dit : « Que Tchang est admirable [dans les choses extérieures] ! Mais il est difficile de pratiquer avec lui la vertu d'humanité. »

Tzeu tchang donnait son principal soin aux choses extérieures. Hautain dans ses manières, il ne pouvait ni être aidé ni aider les autres dans la pratique de la vertu d'humanité.

XIX.17. Tseng tzeu dit : « J'ai entendu dire à notre Maître que, quand même les hommes n'auraient pas encore tout donné d'eux-mêmes, ils devraient le faire à la mort de leurs parents. »

XIX.18. Tseng tzeu dit : « Au sujet de la piété filiale de Meng Tchouang tzeu, j'ai entendu dire à notre Maître qu'on pouvait aisément imiter [tous les exemples de ce grand préfet], hormis celui qu'il a donné en ne changeant ni les serviteurs ni l'administration de son père. »

XIX.19. Iang Fou, ayant été nommé directeur des tribunaux par le chef de la famille Meng, demanda des conseils à son maître Tseng tzeu. Tseng tzeu lui dit : « Ceux qui dirigent la société, s'écartant du droit chemin, depuis longtemps le peuple se divise [4]. Si tu élucides [une affaire], fais-le avec compassion pour les coupables, et ne te réjouis pas [5]. »

XIX.20. Tzeu koung dit : « La scélératesse de l'empereur Tcheou n'a pas été si extrême qu'on le dit. L'homme honorable craint beaucoup de demeurer en aval du courant, là où les miasmes du monde se déversent. »

XIX.21. Tzeu koung dit : « Les fautes d'un homme honorable sont comme les éclipses du soleil et de la lune. Quand il s'égare, tous les yeux le voient. Quand il se corrige, tous les regards le contemplent. »

XIX.22. Koung suenn Tch'ao [6] de Wei demanda à Tzeu koung de quel maître Confucius tenait ses connaissances. Tzeu koung répondit : « Les institutions des rois Wenn et Ou ne sont pas encore tombées dans l'oubli ; elles vivent toujours dans la mémoire des hommes. Les sages en ont appris les grands principes. Les moins sages en ont appris quelques principes mineurs. Les enseignements des rois Wenn et Ou subsistent encore partout. Comment mon Maître ne les aurait-il pas étudiés ? Et quel besoin aurait-il de s'attacher à un maître déterminé ? »

XIX.23. Chou suenn Ou chou [7] dit aux grands préfets réunis dans le palais du prince : « Tzeu koung est plus sage que Confucius. » Tzeu fou King pe [8] rapporta cette parole a Tzeu koung. Tzeu koung répondit : « Permettez-moi de nous comparer aux murs d'enceinte d'une maison. Mon mur ne s'élève qu'à la hauteur des épaules d'un homme. Chacun peut regarder et voir du dehors tout ce que la maison a de beau. Le mur du Maître est plusieurs fois plus haut que la taille d'un homme. À moins de trouver la porte du palais et d'y entrer, on ne voit pas la magnificence du temple des ancêtres ni l'appareil pompeux des officiers. Peu savent en trouver la porte. L'assertion de Chou suenn Ou chou n'est-elle pas contraire à la vérité ? »

XIX.24. Chou suenn Ou chou dépréciait Confucius. Tzeu koung dit : « Toutes ses paroles n'auront aucun effet. La détraction ne saurait diminuer la réputation de Tchoung gni. La sagesse des autres hommes est comme une colline ou un monticule qu'il est possible de gravir. Tchoung gni est comme le soleil et la lune ; personne ne peut s'élever au-dessus de lui. Quand même on se séparerait de lui en rejetant sa doctrine, quel tort ferait-on à celui qui brille comme le soleil et la lune ? On montrerait seulement qu'on ne se connaît pas soi-même. »

XIX.25. Tch'enn Tzeu k'in dit à Tzeu koung : « C'est par modestie que vous mettez Tchoung gni au-dessus de vous. Est-ce qu'il est plus sage que vous ? » Tzeu koung répondit : « L'homme honorable peut, d'une parole, manifester son savoir ou révéler son ignorance. Ainsi ne peut-il parler sans circonspection. Personne ne peut égaler notre Maître, de même que personne ne peut s'élever jusqu'au ciel avec une échelle. Si notre Maître avait eu un État à gouverner, il aurait, comme on dit, relevé [le peuple], et [le peuple] se serait levé. Il l'aurait mené sur la Voie, et celui-ci aurait marché ; il lui aurait procuré la paix, et celui-ci l'aurait rejoint ; il l'aurait mis à l'œuvre, et celui-ci lui aurait répondu ; il aurait été honoré pendant sa vie, et pleuré après sa mort. Qui peut l'égaler ? »

Confucius

1. Comme la culture des champs ou des jardins, la médecine, la divination.
2. Tzeu lou.
3. En négligeant de leur enseigner les choses les plus nécessaires.
4. Et la discorde amène beaucoup de crimes.
5. De ton habileté à les découvrir.
6. Grand préfet de la principauté.
7. Grand préfet dans la principauté de Lou.
8. L'un d'entre eux.

Chapitre XX

XX.1. L'empereur Iao dit : « Eh bien, Chouenn, voici le temps fixé par le Ciel pour ton avènement. Applique-toi à garder en toutes choses le milieu juste. Si par ta négligence les ressources venaient à manquer, le Ciel te retirerait à jamais le pouvoir et les trésors royaux. » Chouenn transmit à son tour le mandat à Iu, son successeur.

[Tang le Victorieux, fondateur de la dynastie des Chang-In, après avoir chassé Kie, le dernier empereur de la dynastie des Hia,] dit : « Moi Li, qui suis comme un faible enfant, j'ose immoler un taureau noir [1]. J'ose déclarer solennellement, en face de l'auguste Souverain du Ciel, que je ne me permettrais pas d'épargner le coupable [2] et que je ne laisserais pas dans l'ombre ses serviteurs. Si je commets une faute, le peuple n'en sera pas responsable. Si le peuple commet une faute, j'en serai responsable [3]. »

Cette expression, « l'auguste Souverain du Ciel », est un terme respectueux pour désigner le Souverain d'En Haut. Tous les hommes sages sont les ministres du Souverain d'En Haut. Avant de marcher contre Kie, Tang le Victorieux dit : « Toutes les actions bonnes ou mauvaises sont inscrites et se lisent dans le cœuer du Souverain d'En Haut. [En attaquant Kie], je ne ferai qu'obéir aux ordres du Souverain d'En Haut. »

Le roi Ou fondateur de la dynastie des Tcheou, répandit ses bienfaits dans tout l'empire. Il n'enrichit que les hommes bons. « Bien que [le tyran Tcheou] ait beaucoup de proches parents, dit-il, ils ne valent pas les hommes pleinement humains. Si le peuple faute, que j'en sois le seul responsable. » Il régla les poids et les mesures, révisa les lois et les ordonnances, rétablit les charges [qui avaient été établies par Tcheou] ; et, dans tout l'empire, l'administration reprit son cours. Il reconstitua les principautés supprimées, donna une postérité adoptive aux chefs des grandes familles morts sans enfants mâles ; éleva aux charges les hommes capables qui avaient été laissés dans la vie privée ; et tous les cœurs furent à lui. Il attachait une grande importance à la subsistance du peuple, aux funérailles et aux sacrifices. Si un prince est magnanime, il se conciliera tous les cœurs ; s'il est digne de confiance, le peuple s'en remettra à lui ; s'il est diligent, il mènera toutes ses œuvres à bonne fin ; s'il est juste, il fera la joie du peuple.

XX.2. Tzeu tchang demanda à Confucius ce qu'il fallait faire pour bien gouverner. Le Maître répondit : « Il faut avoir en estime cinq qualités, et éviter quatre défauts ; cela suffit. – Quelles sont ces cinq qualités ? » dit Tzeu tchang. Le Maître répondit : « L'homme honorable exerce la bienfaisance, sans rien dépenser ; il fait travailler le peuple, sans le mécontenter ; il a des désirs, sans être cupide ; il est majestueux sans orgueil, imposant sans brusquerie. » Tzeu tchang dit : « Comment exerce-t-il la bienfaisance sans rien dépenser ? » Le Maître répondit : « Il favorise tout ce qui profite au peuple ; par ce moyen, n'exerce-t-il pas la bienfaisance sans rien dépenser ? Il ne lui impose que des travaux dont il est capable ; dès lors, qui serait mécontent ? Il désire la bonté, et il l'obtient ; comment serait-il cupide ? Pour l'homme honorable, il n'y a pas de majorité ou de minorité, ni même de petit ou de grand. Il est sans arrogance ni mépris. N'est-il pas digne sans orgueil ? L'homme honorable prend garde que ses vêtements et son bonnet soient bien ajustés, que ses regards aient de la dignité. Sa gravité inspire le respect. N'est-il pas majestueux sans être dur ? »

Tzeu tchang demanda ensuite quels étaient les quatre défauts à éviter. Le Maître répondit : « Ne pas instruire ses sujets, et les punir de mort, c'est de la cruauté. Sans avoir averti d'avance, exiger que le travail [imposé] soit terminé tout de suite, c'est de la tyrannie. Donner des ordres peu pressants [4] et hâter ensuite l'exécution, c'est de la fourberie. Quand il s'agit de payer, régler avec parcimonie, c'est agir comme un intendant [5]. »

XX.3. Le Maître dit : « Celui qui ne connaît pas le Décret céleste [6] ne saurait être un homme honorable. Celui qui ne connaît pas les règles et les usages ne saurait s'affermir. Celui qui ne connaît pas le sens des propos, ne peut connaître les hommes. »

---

1. Comme les empereurs de la dynastie des Hia.
2. L'empereur Kie.
3. En qualité de chef du peuple.
4. Avec préméditation.
5. Qui n'ose rien accorder de son propre chef.
6. La loi naturelle.

Copyright © 2023 Alicia Éditions
Crédits : Alicia ÉDITIONS, www.canva.com
Peinture japonaise de Confucius, par Kanō Sansetsu. Issue d'un folio représentant diverses figures confucéennes.
Date Période Edo, 9e année de Kan'ei (1632)
Source Musée national de Tokyo
Auteur Kanō Sansetsu (狩野 山雪 1589-1651)
ColBase: 国立博物館所蔵品統合検索システム (Integrated Collections Database of the National Museums, Japan)
https://commons.wikimedia.org/wiki/File:Great_Confucian_Figures_-_Painting_of_Kongzi_by_Kan%C5%8D_Sansetsu.jpg?uselang=fr
Image redécoupée et intégrée à un design CANVA
Traducteur : Séraphin Couvreur : jésuite, missionnaire en Chine et traducteur français (1835 – 1919)

∽

ISBN broché : 9782384551224
ISBN numérique : 9782384551231
ISBN relié : 9782384551248

www.ingramcontent.com/pod-product-compliance
Lightning Source LLC
LaVergne TN
LVHW012043070526
838202LV00056B/5581